Wilhelm Hoppe

Leopardenjagd im Sauerland

Anno 1896

Wilhelm Hoppe

Leopardenjagd
im Sauerland
Anno 1896

Neumann-Neudamm
Verlag für Jagd und Natur

ISBN 3-7888-1007-6

Das Werk einschließlich aller seiner Teile ist urheberrechtlich geschützt. Jede Verwertung außerhalb der engen Grenzen des Urheberrechtsgesetzes ist ohne Zustimmung des Verlages unzulässig und strafbar. Das gilt insbesondere für Vervielfältigungen, Übersetzungen, Mikroverfilmungen und die Einspeicherung und Verarbeitung in elektronischen Systemen.

© 2004 Verlag J. Neumann-Neudamm AG
Schwalbenweg 1, 34212 Melsungen
Tel. 05661-52222, Fax 05661-6008
www.neumann-neudamm.de

Printed in Germany
Satz/Layout:: J. NEUMANN-NEUDAMM AG
Druck und Verarbeitung: Werbedruck Schreckhase,
www.schreckhase.de
Bildnachweis: die historischen Bilder stellte die Familie Gierse-Metten freudlicherweise zur Verfügung, alle weiteren Bilder vom Verfasser
Titelbild: Leopard, Öl auf Leinwand, 60x80 cm, 2001 von Peter S. Hahn, genannt Pakara (Eigentum Wolfgang Robert)

Inhalt

Vorwort 7

Leopardenjagd im Sauerland 9

Dokumente, Erläuterungen und Kommentare 51

Die große Feier nach der erfolgreichen Jagd 56

Die Zeitungsberichte 65

Glückwunschschreiben 68

Das Leopardenlied 70

Das Präparieren der Trophäe 75

Die Jagdwaffe 77

Der „Würger vom Lichtenmoor" 78

Kleine Leopardenkunde 81

Quellennachweis 88

Vorwort

Kaum jemand, mit Ausnahme der Bewohner des kleinen Dorfes, wo sich dieses zutrug, weiß heute noch, was sich dort um die Jahrhundertwende, vom 19. zum 20. Jahrhundert, abgespielt hat. Kaum jemand fragt auch noch danach. Dabei war dieses Ereignis damals in aller Munde, und zwar nicht nur im Sauerland.
Der Pfarrer von Kirchrarbach hat darüber ausführlich in der Chronik seiner Gemeinde berichtet. Und seine Ausführungen, wie auch Angaben aus dem Hause unseres Helden, des Bauern und Jägers Anton Gierse-Metten, bilden die Grundlagen meiner Erzählung.
Diese Geschichte vom erbitterten Kampf zwischen Mensch und Tier ist zu wertvoll, als daß sie gänzlich in Vergessenheit geraten dürfte. Möge meine Darstellung dazu beitragen, vergangene Zeit lebendig werden zu lassen und auch künftigen Generationen erfahrbar zu machen, was einst in einem kleinen Sauerlanddorf geschah.
Denn Geschehenes wird Gegenwart, wenn wir es uns erzählend oder lesend vor Augen führen, und da spielt es keine Rolle, ob es von gestern ist oder von vor einhundert Jahren.

Ein besonderer Dank gilt aber heute der Familie Gierse-Metten, die über das Geschehen berichtet hat und Beweismaterial aus damaliger Zeit zur Verfügung gestellt hat.

Ferner sei an dieser Stelle Herrn Manfred Raffenberg von der Christine-Koch-Gesellschaft gedankt für die kritische Begleitung meiner Arbeit.

Wilhelm Hoppe

Der Leopard von Oberrarbach

Auch heute, nach mehr als einhundert Jahren, hat er von seinem „gefährlichen Aussehen" nichts eingebüßt.

Leopardenjagd im Sauerland
Erzählt von Willhelm Hoppe

Der Ort liegt etwa zwischen Bad Fredeburg und Meschede. Früher gehörte er zur Gemeinde Rarbach, ist aber heute in die Großgemeinde der Stadt Schmallenberg eingegliedert.

Oberrarbach ist ein kleines Dorf. Etwa achtzig Personen leben dort, die teils in der Land- und Forstwirtschaft tätig sind, aber mehr noch in anderen Berufen.

Damals, zum Ende des 19. Jahrhunderts, war die Zahl der Einwohner fast wie heute, aber diese bestanden ausschließlich aus Bauern und Tagelöhnern. Sie lebten in bescheidenen, oft ärmlichen Verhältnissen, denn es war nicht leicht, den Unterhalt mit der Arbeit ihrer Hände zu bestreiten: die Naturgewalten forderten ihren Anteil an der Ernte; das Unkraut wucherte auf den Feldern; Traktoren und Autos gab es hier noch nicht; auch noch keine Elektrizität. Der Ort selbst ist etwa 500 Meter hoch gelegen, aber die umliegenden Berge reichen bis zu 725 Metern hinauf. Auch an diesen steilen Hängen mit ihren steinigen und kargen Böden wurde vereinzelt Landwirtschaft betrieben.

Wer heute der Straße von Kirchrarbach nach Bad Fredeburg folgt, wird nach wenigen Kilometern von dem herrlichen Panoramablick gefangengenommen, der nach Osten hin die ganze Schönheit der Sauerländer Bergwelt freigibt und, darin eingebettet, das Ortsbild Oberrarbachs mit seinen gepflegten Fachwerkhäusern und der Kapelle, die sich auf einer kleinen Anhöhe erhebt, Zeugnis des Glaubens vieler Generationen.

Nach Westen hin, wo die Kreisstraße den Ort berührt, steigt das Gelände bis zum 661 Meter hohen Hömberg stetig an. Dahinter geht es hinunter nach Oberhenneborn.

Wo jetzt die Fichtenwälder vorherrschen, bestimmten damals sicherlich noch Laubbäume das Landschaftsbild. Schafe suchten in den lichten Beständen nach Nahrung; Heidekraut gab es in Hülle und Fülle; natürlich auch Waldbeeren; und auf den Bergen balzten und kullerten Birk- und Auerhahn.

Es war zur Zeit der Märkte, die alljährlich im Herbst oder auch schon gegen Ende des Sommers stattfanden. Der Reister Markt war bereits vorbei. Da ging Jostes Oma eines schönen Tages in die Berge hinauf, um Waldbeeren zu sammeln. Es gab reichlich davon. Da aber die Nächte schon recht kalt waren und der Tau lange auf Gras und Blättern glänzte, nahm sie noch am Vormittag ihren Weg zum Hömberg hinauf, dorthin, wo die Sonne am längsten schien. In ihrem langen Leben hatte sie schon viele Waldbeeren gesammelt, die Oma Jostes, und viele schöne Frühherbsttage in den Wäldern verbracht. Aber heute fiel ihr der Aufstieg schwer, und immer wieder mußte sie ein Päuschen einlegen zum Verschnaufen. „Ich bin alt geworden", seufzte sie und merkte erstmals so richtig, daß sich auch ihr Leben im Herbst befand. Früher, ja früher... Als junges Mädchen war sie die Berge hinaufgerannt wie ein Reh. Als ihr nun der Aufstieg gar zu beschwerlich wurde, fragte sie sich, warum sie die Beeren nicht besser in der Nähe des Dorfes sammeln ging. Dort wuchsen ja auch schöne, und das wußte sie. Aber man mußte zugeben, daß die besten eben doch hier oben zu finden waren, wo es auch am wärmsten war und wo die Vögel ihre schönsten Lieder sangen.

Inzwischen hatte sie den Himmerhahn passiert, ein stark abschüssiges Gelände, aber nun ging es wieder leicht bergauf, war aber immer noch recht mühsam bis zu der Stelle, die sie ausgesucht hatte. Das schöne Wetter erinnerte sie an früher, als sie noch mit den Dorfkindern zur Schule ging. An einem solchen Tag hatte sie dem Herrn Lehrer an die Tafel geschrieben: „Der Himmel ist blau, das Wetter ist schön, wir bitten den Herrn Lehrer, in die Waldbeeren zu geh'n." Und wirklich! Der Herr Lehrer war darauf eingegangen. Das war schön gewesen, und darüber freute sie sich noch heute.

Da wurde sie jäh aus ihren Gedanken herausgerissen. Bisher waren nur die Stimmen der Vögel zu vernehmen gewesen, aber nun war da ein Laut, den sie noch nie gehört hatte, anders als das Grunzen der Schweine, das Heulen der Hunde oder das Brüllen der Rinder. Sie konnte nicht ausmachen, was es war, und ihr wurde unheimlich zumute. Dann war es wieder still wie zuvor, bis auf das Singen und Jubilieren der kleinen gefiederten Gesellen. Sie hatte sich jetzt ganz aufgerichtet, die Oma Jostes, und lauschte angestrengt in die Richtung des seltsamen Geräusches. Da war es wieder, an- und abschwellend, daß es ihr einen kalten Schauer über den Rücken jagte. Und obwohl es noch fern schien, wähnte sie es schon ganz nah; so angsterfüllt war plötzlich ihre Seele. Sie bekreuzigte sich rasch, um Unheil abzuwenden. Denn das wußte sie nun ganz genau: daß sie hier oben nicht allein war. Dann begann sie zu laufen, so schnell es ihre altersschwachen Füße erlaubten. Fort, nur fort von hier! Nur selten hielt sie an, um Atem zu schöpfen, wobei sie mit bangem Blick zurückschaute, um sich zu vergewissern, daß sie nicht verfolgt wurde. Ja, sie spürte, daß von diesem Unheimlichen Gefahr ausging, was immer es sein mochte. Sie vernahm es noch ein paar Mal oben im Wald, dann war sie endlich zu Hause. „Wie eine Wannemühle[1]) hat es geheult", sagte sie immer wieder, „wie eine Wannemühle". Die Kinder im Haus versuchten, den Laut nachzuahmen.

Ansonsten nahm das Leben im Dorf seinen gewohnten Gang. Von den seltsamen Lauten im Beerenwald hatte Jostes Oma einigen Leuten erzählt, aber wer nahm schon davon Notiz. „Wer weiß, was die sich zusammenreimt", meinten einige. Man hatte eben seine Arbeit und keine Zeit für solche Geschichten. Oma Jostes ging aber nicht mehr in den Wald zum Beerenpflücken, und schließlich mieden ihn auch andere, nachdem sich herumgesprochen hatte, daß es dort oben nicht geheuer zu sein schien. Die Kinder aber ahmten weiterhin den Laut der Wannemühle nach.

So mochten vier oder fünf Tage vergangen sein – ganz genau weiß man das heute nicht mehr – da wurden die Dorfbewohner in der Nacht auf Samstag aus dem Schlaf gerissen: Die Hunde fingen aufs fürchterlichste zu bellen an, es polterte in einigen Geräteschuppen, und Angst lag in der Luft. Aber so sehr die Leute sich auch bemühten und in die Finsternis starrten, erst zum Morgen hin – es deutete sich ein regnerischer, windiger Septembertag

Gierse Metten 1914

an – wurde sichtbar, was geschehen war.

Der Land- und Forstwirt Anton Gierse-Metten, der auch Jäger war, hielt, wie manch anderer im Dorfe auch, Schafe in den umliegenden Wäldern. Tagsüber wurden sie in den Hömberg getrieben, abends bei seinem Anwesen am westlichen Dorfrand für die Nacht eingepfercht. Ein oder mehrere Räuber hatten seine Herde gesprengt und die Tiere bis ins Dorf verfolgt. Total verstört, das Fell zerzaust und zitternd vor Angst, fand man sie in den Geräteschuppen der Bauern, manche mit blutenden Köpfen einfach in einen Mauerwinkel gedrückt. Blut und Wolle zeichnete sogar ihren Fluchtweg, wo sie in der Dunkelheit vor Bäume gerannt waren oder sich in Dornenhecken verfangen hatten. Zwei Schafe waren gerissen, eins verletzt. Solches Unglück mag man in der heutigen Zeit als „nicht schwerwiegend" bezeichnen; denn was bedeuten heute schon zwei Schafe! Damals aber war das ein herber Verlust. Überall herrschte Not, zumal auch das Getreide erst zum Teil eingefahren war und das, was noch auf dem Halm stand, durch den vielen Regen zu verderben drohte. So war es nur verständlich, daß die Stimmung der Dorfbewohner ohnehin gedrückt war, und ganz besonders nun auf Metten Hof. Der Schaden in der Herde, darin war man sich einig, konnte eigentlich nur von großen Hunden aus Oberhenneborn angerichtet worden sein, also von jenseits des Hömbergs aus. Auf die Frage, ob es denn gar ein Wolf hätte sein können und was es denn mit dem Gerede von Jostes Oma auf sich habe, antwortete Anton Gierse: „Vielleicht hat sie einen Hirsch gehört." Denn die Brunft hatte bereits begonnen. Daß es im Sauerland keine Wölfe mehr gab, wußte ja wohl ein jeder. Aber es mußte schnell etwas geschehen, denn alle fürchteten nun um ihre Schafe und Ziegen. Anton Gierse versprach's, „denn", so sagte er, „sie haben mir zwei meiner Schafe

Oberrarbach - Ortsansicht von Süden

getötet, und das werde ich ihnen heimzahlen." Er denke daran, sich noch heute mit seinem Schwager Kieserling aus Oberhenneborn zu treffen, um gemeinsam einen Kontrollgang durchzuführen. „Vielleicht haben wir Glück und treffen dabei einen der Räuber." Da waren alle froh, denn die beiden waren Jäger, und wenn die den großen Hunden zu Leibe rückten, brauchte man sich um die Herden keine Sorgen mehr zu machen. Der Gierse-Metten war sich wohl bewußt, daß Eile geboten war. Vielleicht waren die Hunde ja noch irgendwo im Hömberg. Daher befahl er einem Laufburschen, sofort nach Oberhenneborn zu eilen und dem Kieserling mitzuteilen, er möge sich mit Gewehr und Hund unverzüglich zum Gipfel des Hömbergs begeben. Dort wolle er auf ihn warten. Aber er solle schon unterwegs jeden streunenden Hund abknallen, dessen er ansichtig werde. „Das scheint ja spannend zu werden", dachte der Bursche, und schon war er im dichten Regen verschwunden. Anton Gierse-Metten aber ging ins Haus, um sich für den Reviergang herzurichten. Er zog seinen grünen Lodenmantel über, nahm Waffe und Patronen und setzte den Jägerhut auf. Dann ging er, um sich von seiner Frau zu verabschieden. „Aber nicht bei diesem Wetter", fuhr sie ihn etwas unwirsch an, als sie hörte, daß er mit beiden Hunden auf Spurensuche gehen wollte, „du holst dir nur eine Erkältung." Doch schon im nächsten Augenblick tat es ihr leid, so barsch gesprochen zu haben, und fast flehend fügte sie hinzu: „Bleib hier, bitte! Mach heute keine Jagd auf die Schafräuber. Vielleicht ist das Wetter morgen ja besser." Aber er hörte nicht auf sie. Er spürte seine Verantwortung und sah eine Chance. Der Schwager war verständigt, und so mußte er nun gehen. Jetzt war er nur noch Jäger, ganz und gar Jäger. Er trat zum Zwinger, ließ die Hunde heraus und zog los. Seine Frau winkte ihm noch zum Abschied, und er winkte zurück.

Ihr war heute irgendwie seltsam zumute, anders als sonst, wenn er aufbrach zur Jagd, freudig umringt von den Hunden. Gewiß, er war jung und stark, und sie liebten einander, doch heute war alles ganz anders. Vielleicht war es das Wetter. Das Wetter macht mürrisch und übelgelaunt, davon hatte sie gehört, und da er zur Mittagszeit zurück sein wollte, sagte sie zu sich selber: „Dann werde ich ihm einen heißen Grog bereitstellen, damit ihm Kälte und Nässe nichts anhaben können." Sie schaute ihm noch eine Weile nach, an diesem trüben, regnerischen Septembertag mit dem Wind in den Zweigen. Dann kehrte sie an ihre Arbeit zurück.

Der Gierse-Metten strebte mit seinen beiden Hunden rasch bergan. Nachdem er zunächst einem schmalen Fußpfad durch die Felder gefolgt war, befand er sich jetzt in einem Holzabfuhrweg, in den die Wagenräder tiefe Rinnen gefahren hatten, in denen kleine Rinnsale zu Tal flossen. Auf ihren Sandbänken und wo auch immer sonst er Gelegenheit fand im lehmigen Boden, hielt er Ausschau nach verdächtigen Spuren. Aber der Regen war allzu stark und ließ das Wasser in den Spurrillen alle Unebenheiten sogleich wieder ausfüllen. „Dann müßt ihr eben soviel mehr suchen!" spornte er seine vierbeinigen Helfer an. Die aber freuten sich und tollten umher, als sei dies der schönste Tag ihres Lebens. Ja, ein Hundeliebhaber war er immer schon gewesen, der Anton, und das spürten sie auch. Bei jeder nur passenden Gelegenheit kraulte er sie oder sprach ihnen ein Lob aus, und es war unschwer zu erkennen, daß sie ihrem Herrn beistehen würden, sollte er einmal in eine Notlage geraten; so sehr schienen sie ihm zugetan.

Jetzt aber stöberten sie Rebhühner auf, die vor ihnen in den Himmel stiegen, Hasen, die verschreckt das Weite suchten, oder auch Waldhühner, die auf dem Boden ihrer Nahrungssuche nachgingen. Der Jäger reagierte nicht darauf, wenngleich vor wenigen Tagen die Hasenjagd begonnen hatte. Er hatte seine Doppelflinte dabei und vier Patronen, die er selbst mit Postenschrot geladen hatte. Die waren für große Hunde brauchbar, nicht aber für Niederwild wie Hase und Rebhuhn. So gelangten sie schließlich zur höchsten Erhebung des Hömbergs.

Der Dauerregen, von einem böigen Wind getrieben, hatte die Kleider des Anton Gierse fast gänzlich durchtränkt. Es tropfte der Regen, es tropfte von den Bäumen, und es tropften seine Kleider. Wie sehr gedachte er da seiner Frau, die ihn hatte überreden wollen, zu Hause zu bleiben. Gewiß, er war jung und fühlte sich stark. „Mit siebenunddreißig Jahren ist man im besten Mannesalter", dachte er, und kaum ein anderer hätte es ihm nachgemacht, so schnell wie er die steilen Hänge hinaufzusteigen. Doch nun glaubte er sich eine geraume Zeit ausruhen zu können, bis sein Schwager eintreffen würde. Er lehnte sich an den Stamm einer mächtigen Eiche, stopfte sein Pfeifchen und zündete es an. Das war für ihn so etwas wie ein Lebenselexier. Dann fühlte er sich bei jedem Wetter wohl.

Die Hunde nutzten sogleich die Gelegenheit, sich bemerkbar zu machen. Waldmann, der Brackenrüde, versuchte immer wieder, die feuchte Nase in die Hand seines Herrn zu stubsen, während Heldin, ein Kurzharr-Mischling, den Kopf auf dessen Füße legte. Heldin war übrigens von gemäßigter, ruhiger Natur, wohingegen Waldmann stets ungeduldig darauf zu warten schien, seinem Herrn einen Wunsch von den Augen ablesen zu können.

Als der Schwager länger ausblieb als erwartet, griffen Ungeduld und Langweile um sich. Irgendwo untätig zu verweilen, das war nicht Jäger Gierses Sache. Von Kindheit an war er dazu erzogen, und das war ihm zur Gewohnheit geworden, stets für den Hof dazusein und sich um dessen Belange zu kümmern. So hatte er schon als kleiner Junge hier auf dem Berg die Schafe gehütet, tagein, tagaus; und doch mußte er mit den anderen Kindern täglich zur Kirche und zur Schule nach Kirchrarbach, vier Kilometer hin und vier zurück. Das war besonders im Winter eine harte Belastung. Daß das entbehrungsreiche Leben in seinem entlegenen Dorf nur mit ausdauerndem Fleiß und körperlicher Tüchtigkeit zu meistern war, gehörte zu den frühen Erfahrungen, die seinen Charakter geprägt hatten.

Als er sich endlich von dem mächtigen Stamm der Eiche löste und sich aufrichtete, wurde seine Gestalt deutlicher sichtbar. Der vom Regen durchtränkte Mantel, der die Konturen seines Körpers nur erahnen ließ, verriet dennoch eine hagere, schlanke Gestalt. Die Füße steckten in derben Lederschuhen, denen sich geschnallte Gamaschen anschlossen. Der Jägerhut, beim Anlehnen an den Eichenstamm tief ins Gesicht gedrückt, gab nun, mit kräftigem Griff zurechtgerückt, die regelmäßigen Züge und den ruhigen Blick des Gierse frei. Ein schöner, wohlgeformter Vollbart ließ ihn jedoch um Jahre älter erscheinen.

Er wäre nun gern mit seinen Hunden weitergezogen, aber die Verabredung mit seinem Schwager hinderte ihn daran. Immerhin nahm er schon einmal das goldgelbe Ahornblatt vom Lauf der Waffe, mit dem er deren Mündung zugedeckt hatte, um den Regen nicht eindringen zu lassen, schulterte sie dergestalt, daß ihr das Wetter nichts Ernsthaftes anhaben konnte, und stopfte sich ein neues Pfeifchen. Und während sich der Rauch des ersten Zuges im Halbdunkel des Waldes verlor, erschien der Schwager. Sein aufmunterndes „Waidmannsheil!" fand nur halbherzigen Widerhall, denn dem Gierse war wenig nach fröhlichem Jagen zumute.

Auch der Kieserling, genannt Knoche, hatte sein Gewehr dabei und seinen Hund, der Drago hieß, ein Schäferhund-Mischling. Dieser war ein gefürchtetes Tier im besten Hundealter und hatte auch schon an Schwarzwildjagden teilgenommen. Der Kieserling hatte ihn erst vor einem Jahr auf inständiges Bitten von seinem Schwager erhalten, weil ihm ein guter Hund fehlte. So gab es jetzt ein freudiges Wiedersehen.

Die Eiche, unter der sie immer noch standen, bot gegen den Regen kaum mehr Schutz. Im Gegenteil: Wenn der Wind mit unsichtbaren Armen in die Äste und Zweige griff oder ihm gar eine Sturmböe zu Hilfe kam, klatschte er ihnen dicke, bleischwere Tropfen ins Gesicht. „Laß uns aufbrechen!" drängte Anton Gierse. „Dies ist kein Ort des Verweilens. Hoffentlich erwischen wir die Räuber überhaupt noch." Der Kieserling aber zeigte sich zuversichtlich und witzelte: „ Das ist doch ein Hundewetter heute. Und bei Hundewetter treffen wir die Hunde."

Schafe im Sauerland

So gingen sie zunächst ein Stück Weges gemeinsam und durchstreiften dann in mehr oder weniger großen Abständen die Wälder, wie der Bewuchs oder die Beschaffenheit des Bodens dies zuließen. Und das taten sie, bis sie den größten Teil des Hömbergs kontrolliert hatten. Aber ohne Erfolg.

„Laß es gut sein", meinte der Gierse schließlich, „wir haben fast den ganzen Vormittag gesucht und nichts entdeckt. Wir sollten jetzt nach Hause gehen und uns aufwärmen!" Das war auch dem Kieserling recht. Aber weil er vorhatte, den Metten am nächsten Tag einen Sonntagsbesuch abzustatten und sich die drei Hunde so gut verstanden, sagte er: „Dann nimm den Drago doch bis morgen mit. Du mußt ja auch den Himmerhahn noch durchstreifen!" Dort, wenn man so will, am Fuße des Berges, wuchs gerade ein junger Fichtenbestand heran in zum Teil extremer Hanglage, aber nicht einmal weit vom Dorf entfernt. „Mir soll's recht sein", meinte der Gierse, „der Drago ist ein guter Hund. Dann mußt du ihn eben morgen wieder mitnehmen." Sie standen noch eine Weile beisammen und unterhielten sich in ihrer plattdeutschen Sprache, wie das damals noch üblich war; dann ging jeder seines Weges. In den Bergen hingen Nebelfetzen; es regnete noch immer. Dicke, schwarze Holunder- und Brombeeren prangten an den Büschen, die Anton Gierse durchstreifte, aber er fand keine Muße, sich an ihnen zu erfreuen. Zu sehr beschäftigten ihn die Schafräuber, und er verstand nun, warum die Hirten immer so große Angst vor streunenden Hunden gehabt hatten. „Wenn ich keinen Erfolg im Walde habe", sagte er sich schließlich, „so will ich an der Grenze zu den Feldern spüren." Auf einem zugewachsenen Schleifweg gelangte er an den Rand des Waldes, wo nur noch kleine Bäume, Buschwerk und Gestrüpp standen. Hier bemerkte er mal einen umgeknickten Ast, der welk nach unten hing, mal herabgerissene Blätter und dann, am Rande des Feldes, einen breiten Tritt. Das mußte ein Hirsch gewesen sein, wie Himmelszeichen und Trittsiegel nahe legten. Wenn er es gewesen war, der die Oma Jostes so erschreckt hatte, kamen für den Angriff auf die Schafherde wirklich nur mehrere große Hunde in Frage. Es mußten mehrere gewesen sein; einer allein hätte es nie geschafft, die Herde zu sprengen und ins Dorf zu treiben.

Mittlerweile war der Gierse bis auf etwa dreihundert Meter an das Dorf herangekommen, und sein Hof war schon in Sicht. „In diesem Wäldchen müßt ihr aber noch einmal ganz besonders sorgfältig suchen", wollte er seine Hunde anspornen, als die bereits im Unterholz verschwunden waren. Er folgte ihnen ein Stück, hielt dann an, um abzuwarten. Da gaben sie plötzlich Laut, aber nicht so, wie wenn sie etwa Hasen jagen; nein, dies war eher ein vorstehender, winselnder Laut, wie er ihn von seinen Hunden nicht kannte. Vorsichtshalber spannte er schon einmal die Hähne seiner Waf-

fe. Bald darauf tauchte Waldmann aus dem Dikkicht auf, am ganzen Körper zitternd. „Was ist denn mit dir geschehen", fragte er ihn, „hat dir jemand etwas zu Leid getan?" Und dabei kraulte er ihn und sprach ihm gut zu, aber Waldmann ließ sich nicht beruhigen. Zitternd und wimmernd schaute er zu seinem Herrn auf, dann wieder in die Richtung, aus der er gekommen war, als wollte er sagen: „Du mußt unbedingt mitkommen, sonst ist es schlecht um uns bestellt." Das verstand auch sein Herr so, und weil das Gebell der beiden anderen Angst verriet und von derselben Stelle erklang, wußte er: „Ich muß zum Bail", jenem Standlaut der Hunde, mit dem sie ein krankes Stück Wild vermelden.

Er legte seinen Mantel ab, weil der viel zu schwer geworden war und ihn nur behindert hätte, und ging dann mit dem Gleichmut der Gewohnheit, aber voller Neugier auf den Bail zu. Waldmann zeigte ihm den Weg, der mal durch niedrige Fichten, dann über Freiflächen führte, die nur mit Birken und Brombeeren und anderem Gestrüpp bewachsen waren. Aber je näher sie dem Standlaut der Hunde kamen, um so unruhiger und ängstlicher wurde er. Er war ja auch noch ein junges Tier und blieb schließlich ganz hinter seinem Herrn zurück. So gelangten sie an eine tiefe Mulde im abschüssigen Gelände, einen Platz, an dem sich wegen seiner geschützten Lage das Wild gern aufhielt. „Hier wird es sich entscheiden", sagte der Gierse halblaut zu sich selbst, wie er das immer tat, wenn er mit einer schwierigen Situation fertig werden mußte . Er drückte dann in wenigen Worten aus, was Gefühl und Verstand ihm befahlen. Er nahm seine Waffe fester in die Hand und dachte noch: „Denen werde ich Beine machen!" als er sich einem buntgesprenkelten Tier gegenübersah, das er auf den ersten Blick nicht ansprechen konnte, denn es lag von Büschen halb verdeckt und in lauernder Stellung. Wenn an jenem regnerischen Septembertage ein Blitz aus dem wolkenverhangenen Himmel dort herniedergefahren wäre, er hätte den Gierse nicht tiefer treffen können, denn blitzartig erkannte er, daß er den Räuber gestellt hatte, aber auch, in welcher Gefahr er selber sich befand. Und wenn er auch noch nicht wußte, mit was für einem Raubtier er es zu tun hatte: Zweimal krachte die Flinte und gab ihre Schrote auf es ab. Doch welche Ironie des Schicksals: Der Jäger hatte den Übeltäter gestellt, ihn aber nicht zu erlegen vermocht. Nun würde dieser ihm nach dem Leben trachten, denn wahrhaftig, es war ein Leopard. Die Schüsse hatten ihn zwar zusammenfahren lassen, aber augenblicklich reagierte er rasend vor Wut, und nur dem Umstand, daß die Hunde ihn aufs äußerste bedrängten, war es zu verdanken, daß der Gierse sich mit einem kühnen Sprung auf ein Bäumchen retten konnte. Schon glaubte er sich in Sicherheit, als sich das dünne Stämmchen unter seiner Last dem Boden zuneigte und er ein zweites ergreifen mußte, um sich über dem Erdboden zu halten. Aber auch dieses war kaum höher als drei Meter; und zu seinen Füßen tobte und wütete der Leopard. Wie der in diese Bergregion gelangt sein konnte, darüber konnte der Gierse nur rätseln. Er mußte einem Menageriebesitzer entsprungen sein, der auf Märkten wilde Tiere zur Schau stellte. Das war gewiß kein gutes Leben für eine Raubkatze, immer nur auf engem Raum hinter Gittern zu sein und sich von neugierigen Menschen anstarren zu lassen. Aber wenigstens war der Bauch dabei stets gefüllt. Doch nun, nach nur wenigen Tagen in Freiheit, war er bereits abgemagert und von grimmigem Hunger gepeinigt, wenn er auch jetzt satt sein mußte nach seinem nächtlichen Beutezug. Der Gierse konnte sich gut in ihn hineindenken: Der Panther hatte Jostes Oma erschreckt; er war es, der die Herde gesprengt, zwei Schafe gerissen und die übrigen in Panik versetzt hatte. Noch trunken vom Blut seiner Beute hatte er dann seinen Weg steil bergan zum Himmerhahn genommen, sicherlich an einem kühlen

Bergquell seinen Durst gestillt und sich dann im tiefsten Dickicht ein Plätzchen gesucht, wo er vor der Unbill des Wetters geschützt und sicher schien. Vielleicht wäre er bis zum Anbruch der Nacht dort geblieben. Aber schon am Vormittag waren Eichelhäher gekommen und hatten ihn geweckt und erzürnt mit ihrem erbärmlichen Rätschen, und auch die Amseln hatten angefangen zu schimpfen. Am liebsten hätte er sie alle zerfetzt, ja zerfetzt, diese kläglichen Lumpen der Lüfte. Als dann noch die Hunde dazukamen, hatte sich seine Erregung aufs äußerste gesteigert. Er hatte mit dem Schweif den Boden gefegt und ihnen die Zähne gezeigt. Aber die Hunde waren gescheit und hielten gebührenden Abstand. Und dann war der Jäger da, einer von der Sorte Mensch, die er ohnehin nicht mochte. Die hatten ihm schon genug Leid zugefügt; und nun gar die Schußverletzungen. Jetzt explodierte er vor Wut, sah er die Chance, eine alte Rechnung zu begleichen. Wie der auf dem Baum ihm den Schrot auf den Balg geschickt hatte! Wie er den Hunden befohlen hatte „Drago, faß! Heldin, faß!" Der Leopard fauchte und grollte, und dahinein mischte sich das Gejaule der Hunde, die ihrem Herrn beistehen wollten und seine Prankenhiebe zu spüren bekamen, die sie dann lauthals beklagten.

Mittlerweile begann der Gierse, sich Vorwürfe zu machen. „Warum habe ich mich dem Bail nicht vorsichtiger genähert?" fragte er sich, oder auch: „Warum habe ich mit dem Schießen nicht abgewartet?" Aber daß er seinen Mantel zurückgelassen hatte, fand er gut. „Sonst wäre ich sicher nicht schnell genug auf das Bäumchen gekommen", dachte er. Nur mit Mühe gelang es ihm, seine Stellung so weit zu verändern, daß er sehen konnte, wohin er geschossen hatte. Und für einen Augenblick bemerkte er den Panther. Wie es schien, schonte der einen Vorderlauf, mußte also dort getroffen worden sein, wie sein Jäger mit Erleichterung feststellte. So würde er ihm nicht auf den Baum folgen können. Andererseits wußte der Gierse aus Erfahrung, und er hatte auch darüber gelesen, daß sich gerade wilde Tiere schnell mit einer Verletzung abfinden konnten. „Dann Gnade mir Gott!" seufzte er, und sah auf seine Flinte hinab, über welche die Bestie immer wieder hinwegraste. Was nützten ihm da die beiden Patronen, die er noch in der Tasche hatte. Ohne Waffe waren sie wertlos. Warum hatten die beiden Schüsse nur eine so geringe Wirkung gehabt? War die Distanz zu gering gewesen, so daß der Schrot nicht die richtige Streuung haben konnte? Oder hatte er etwas vorgehalten, weil die Hunde so nahe waren?

Es regnete immer noch in Strömen. Dazu wehte ein heftiger Wind. Daß er sich die Hände blutig gerissen hatte, kümmerte ihn kaum. Sorge bereitete ihm einzig die Gewissheit, daß er sich hier oben nicht lange würde halten können. Aber er sagte sich immer wieder: „ Du mußt kühlen Kopf bewahren, und du darfst dich nicht hängen lassen!" Dem wild tobenden und fauchenden Leoparden rief er zu: „Wenn ich geahnt hätte, daß du es bist, der meine Schafe gerissen hat, hätte ich dir ein lebendes Ferkel oder eine Ziege mitgebracht. Deren Klagelaute hätten dich in der Nacht angelockt, und dann wehe dir...!"

Nachdem er dem wütenden Treiben eine Weile zugeschaut hatte, begann sein rechter Arm zu schmerzen, mit dem er sich an den Zweigen des Nachbarbäumchens festklammerte. Aber er durfte nicht lockerlassen, das wußte er ganz genau. Dann begann er nach der Zeit zu fragen und wieviel Uhr es denn jetzt wohl sein mochte. Er konnte sich an das Angelus-Läuten vom Mittag erinnern, das er noch auf dem Berg gehört hatte. Aber das schien schon lange her. Jetzt hörte er nur seine Hunde, die ganz in der Nähe waren und den Leoparden sicher gerne angegriffen hätten, aber wohl doch nicht den rechten Mut dazu hatten, da sie immer wieder in die Flucht geschlagen wurden. Von Waldmann gab es nur ein leises Wimmern aus der Ferne. Als der Gierse merkte, daß ihn die Kraft seiner rechten Hand verließ – mit der linken hielt er die Spitze seines Bäumchens umfangen – begann er, sich um seine Frau und die beiden Kinder zu sorgen. Hätte er doch auf sie gehört! Er rief laut zum nahen Dorf um Hilfe, ahnte jedoch, daß ihn dort niemand hören würde. Dazu war der Wind zu böig und unstet. Dann hatte er kein Gefühl mehr in der rechten Hand, und der Arm wurde von heftigen Krämpfen gepeinigt. Auch konnten jeden Moment die Wurzeln seines Bäumchens reißen. Da malte er sich den Schrecken und die Bitterkeit seines drohenden Todes aus und rief mit lauter Stimme hinunter: „Wer bist du denn? Bist du der Tod, der grimmige, bittere Tod?" Und mit noch mächtigerer Stimme gab er sich selbst die Antwort: „Vor Tod und Teufel werd' ich mich nicht fürchten. Dir aber werde ich den Todesstoß versetzen!" Dabei hatte er nur ein Taschenmesser bei sich.

Es war Waidmannsart, sich angeschossenem Wild mit der Saufeder, dem Hirschfänger oder einem Nicker zu nähern, um ihm den Todesstoß zu versetzen. Aber mit einem einfachen Taschenmesser einen verletzten Leoparden anzugehen, das war ganz und gar ungeheuerlich. Jedoch: Von den Bergen wurde ihm keine Hilfe zuteil, und auf ein Echo aus dem Dorf wartete er vergebens. Und Wind und Wetter trieben ihr unwürdiges Spiel, als hätten sie gemeinsam beschlossen, das Leben des Jägers zu beenden.

„Ich werde mich auf den Boden begeben und mit ihm kämpfen", sagte er schließlich, als er merkte, daß er sich nicht mehr halten konnte. Und er fror. Bei 13 oder 14 Grad war es ja auch nicht gerade warm an diesem Septembertag. Hinzu kam seine durchnäßte Kleidung. „Auch die Bewegung würde mir gut tun", ermutigte er sich. Und so sehr er auch den Rat und Beistand seiner Frau in dieser schwierigen Stunde herbeisehnte, so wünschte er doch, daß sie ihn niemals in solch aussichtsloser Lage sehen würde. So erniedrigt und beschämt kam er sich vor. Er würde also die Zweige in seiner rechten Hand loslassen und dann krachend zu Boden stürzen oder, wenn die Wurzeln seines Bäumchens hielten, sich vorsichtig hinabgleiten lassen, um dann in einem günstigen Augenblick abzuspringen und die Waffe an sich zu bringen, die nur ein paar Meter entfernt lag. Sorge bereitete ihm nur die rechte Hand, mit der er gewöhnlich das Messer führte. Sein Rücken schmerzte, und auch der Hals tat ihm weh von der ihm übermenschlich erscheinenden Anstrengung, die es seine Hand kostete, loszulassen. Fast mechanisch öffnete sie sich ein wenig, und wie wenn im Winter gefrorene Zweige durch gefrorene Hände gleiten, so war es ihm jetzt: Sie zogen sich zurück, ohne daß er es auch nur im geringsten gemerkt hätte. Und – oh Wunder! – sein Bäumchen hielt der plötzlichen neuen Belastung stand. Es neigte seine Spitze zwar noch ein bißchen weiter zur Erde, aber es hatte doch noch eine starke Wurzel, die sein gänzliches Umkippen verhinderte.

Nachdem sich sein Arm einigermaßen erholt hatte, begann er, langsam an dem schief stehenden Stämmchen hinabzugleiten, immer bis hin zum nächsten Astkranz. Er fand einen guten Standplatz. Dort wollte er verweilen, bis sich die Gelegenheit bot an seine Waffe zu kommen. Gleichzeitig war er noch weit genug vom Waldboden entfernt, so daß ihm der Leopard nicht unmittelbar gefährlich werden konnte.

„Ich werde ein Vaterunser und drei Ave Maria beten", sagte er zu sich, „damit alles gut geht." Als aber danach der Leopard noch immer in seiner Nähe kreiste, wurde ihm wieder mulmig, und er fügte noch ein Ave Maria für die Armen Seelen hinzu. „Man weiß ja nie", dachte er dabei, und „für alle Fälle, weil die Armen Seelen gute Helfer sein können, wenn man sich ihrer erinnert und für sie betet."

Er begann mit den Fingern seiner rechten Hand zu spielen, um sie gelenkiger zu machen. Die doch recht schmerzhaften Krämpfe im Arm waren zum Glück weitgehend überstanden. „Ich muß jetzt in guter Verfassung sein", sagte er sich, „und es muß alles ganz schnell gehen." Doch was wollte er mit der Waffe auf seinem Bäumchen, fragte er sich. Er mußte zugeben, daß sie ihm da wenig nützen würde. Der Rückstoß könnte ihn aus dem Gleichgewicht bringen, so daß er hinunterfallen würde. Es ging also nur vom Boden aus. Er rief noch einmal laut zum Dorf um Hilfe, fingerte nach den Patronen und dem Messer in seiner Tasche, befahl den Hunde erneut anzugreifen – „Heldin faß! Drago faß!" – und sprang zu Boden, als er hörte, daß sie im Gebüsch mit dem Panther kämpften.

Der Gierse hatte kaum die Waffe in Händen, hatte kaum durchgeladen, da ließ die Bestie von den Hunden ab und wollte ihn annehmen. Mit gesträubtem Nackenhaar und aufgerissenem Rachen tauchte sie auf der kleinen Lichtung unweit der beiden Bäumchen auf. Diesmal bewahrte der Schütze die Ruhe. Er ließ sie herankommen und zielte auf kurze Distanz genau in den Rachen. Die Schrote ließen den Leopard zusammenfahren, stoppten jäh seinen Angriff, warfen ihn aber nicht um. Für einen Augenblick stand er wie angewurzelt, dann raste er noch wilder als zuvor. Anton Gierse aber rettete sich wieder auf sein Bäumchen. Wie ein gelber Blitz, der bald hier aufleuchtet, bald dort, so biß und schlug das todwunde Tier blindwütig um sich. Totholz krachte unter seinen Pranken, Nadelstreu und Pilze flogen durch die Luft, Sträucher und Tännchen teilten sich unter seinem Ansturm, brachen oder zersplitterten unter seinen Hieben. Den Hunden versuchte er die Leiber aufzureißen, so daß sie sich ihm kreischend entwanden.

Da begann Anton Gierse erneut laut um Hilfe zu rufen. Mag sein, daß sich wegen des schlechten Wetters niemand im Freien aufhielt. Wer arbeitet schon gern draußen bei einem solchen Regen, wenn es auch in Haus und Scheune genug zu tun gibt.

Bei Metten war schon am Vormittag Besuch eingetroffen, ein Verwandter, der Geistlicher war. Nach dem Essen saß man noch zusammen und redete über zumeist alltägliche Dinge. Da sagte dann die Frau des Hauses, als sie das heiße Wasser für den Grog auf dem Herd bemerkte: „Ich verstehe nicht, daß Anton so lange ausbleibt. Er wollte doch schon zum Mittagessen zurück sein." Und sie klang sehr besorgt. Der Geistliche aber beruhigte sie. Vielleicht halte er noch ein Schwätzchen mit einem Nachbarn oder bringe den Kieserling mit. „Dann wird es meistens etwas später." Das konnte nicht sein, denn sie wußte, daß der morgen kommen wollte. Ihre Unruhe trieb sie aus dem Zimmer, aber kaum hatte sie die Dielentür geöffnet, da stand Waldmann vor ihr, zitterte am ganzen Körper und schmiegte sich an sie, als wollte er Schutz bei ihr suchen. Dieses Benehmen war ihr doch ganz ungewöhnlich, und sie streichelte ihn, um ihn zu beruhigen. „Wo ist denn dein Herrchen, mit dem du auf Jagd warst?" wollte sie wissen, aber da war Waldmann schon durch den Türspalt im Haus verschwunden. „Da wird mein Mann nicht mehr weit sein", dachte sie und wollte ihm entgegengehen. Dann bemerkte sie das Blut an ihrer Hand und an den Füßen. Das konnte nur von Waldmann sein. Ehe sie sich um ihn kümmern konnte, kam die Nachbarin, die Schledden Elisabeth, gelaufen und berichtete ganz aufgeregt, was sie soeben gehört hatte, daß da nämlich ein Schuß gefallen sei – und dabei zeigte sie in Richtung Himmerhahn – und furchtbar gruselige Laute habe sie vernommen, auch Klagen der Hunde und" – nun zögerte sie einen Augenblick und fügte dann leise hinzu – „Hilferufe." „Das ist mein Mann", rief die Gierse entsetzt, schlug die Hände über dem Kopf zusammen und rannte ins Haus. Auch die Nachbarin verschwand, während aus anderen Häusern schon Männer gelaufen kamen, die die Hilferufe ebenfalls gehört haben mußten, denn sie trugen Heu- und Mistgabeln, Sensen und dicke Knüppel, eben alles, was sie in der Eile hatten ergreifen können, und eilten den Berg hinauf. Bald war das ganze Dorf in Bewegung; die meisten waren regelrecht verstört. Wann hatte man hier auch jemals solch einen unheimlichen Lärm aus dem nahen Walde gehört! Die Frau hatte dem Geistlichen berichtet und dann sogleich eine geweihte Kerze angezündet. „Herr, laß dies nicht seine letzte Stunde sein!" betete sie laut und inbrünstig. Auch der Geistliche war erschüttert und sprach Worte tiefen Mitgefühls, mahnte aber auch zur Besonnenheit. „Gott erhält die Raben und die Spatzen", sagte er, „sollte er sich da nicht auch um das Leben dieses lieben Menschen sorgen, das doch viel mehr wert ist als hundert Spatzen?" Sie müsse auf Gott vertrauen!

Dann ging er auf die Straße, wo er im wachsenden Menschengedränge einen jungen Mann gewahrte, der mehr zu wissen schien. „Du warst dort oben, von wo das Grauen kommt?" fragte er ihn. „Ja, hochwürdiger Herr, ich war schon dort und soll auch schöne Grüße euch bestellen."

Im Schnellgalgen[2] - So wurden früher die wilden Tiere gefangen -

„So sprich! Kann ich dem Notleidenden nicht selbst begegnen, der sich da in Todesgefahr befindet?"

„Kein Mensch darf sich ihm nähern. Das hat er laut gerufen. Kein Mensch! Auch wir nicht. Ein Monster ist's, das ihm nach dem Leben trachtet."

„Jedoch, er leidet Not. Könnt ihr ihm denn nicht helfen?"

„Er leidet nicht mehr Not, hat er zuletzt gerufen. Er ist in Sicherheit. Er ruft nicht mehr."

„Dann wollen wir's dem Himmel anempfehlen", sprach der Geistliche, „sein Schicksal sei in Gottes Hand!" Und er schlug das Kreuz in Richtung Himmerhahn und entließ den jungen Mann, der Meier hieß. Dieser stammte nicht aus dem Dorf, kannte aber dort jeden, wie jeder ihn kannte. Er kümmerte sich nicht um das Klagen der Frauen und das Plärren der Kinder, sondern bemühte sich darum, noch mehr Männer mit noch mehr Äxten, Wurfhämmern, Ketten und vor allen Dingen Mistgabeln den Berg hinauf in den Wald zu schicken.

Der Gierse hatte schon dem ersten Trupp zugerufen, sich fernzuhalten. Es war zu gefährlich für sie, sich dem Ungeheuer durch Fichten und Gestrüpp zu nähern. Er mußte allein mit ihm fertig werden. Aber er fühlte sich ungemein erleichtert, daß nun hilfsbereite Menschen in seiner Nähe waren. Dem sich wie ein Berserker gebärdenden Leoparden rief er zu: „Du gehörst nicht hierher. Du mordest ja nur und bringst Tod. – Woher kommst du überhaupt?" Die Antwort mußte er sich natürlich selbst geben:

„Du kannst nur aus dem Teufelsloch entsprungen sein, und dort gehörst du wieder hin!" Er kannte das Teufelsloch, jene geheimnisvolle, sagenumwobene Stelle, die nur etwa zwei Kilometer vom Himmerhahn entfernt liegt und wo schon die unter Napoleon durchziehenden Franzosen auf ihren Kanonenkugeln kleine Teufelchen gesehen hatten, als sie unter Fluchen vergeblich versuchten, ihre Geschütze voran zu bekommen. „Dort gehörst du hin", schrie er, „und wenn du nicht willst, dann gehörst du an den Schwippgalgen!" Aber er merkte sogleich, daß eine so große Raubkatze wie der Leopard zu schwer war, um sie mit einer Schlinge zu fangen, die mittels der Spannkraft von Zweigen und Ästen hochschnellt und das Opfer in der Lüft erwürgt.

Inzwischen hatten sich immer mehr Menschen am Rande des Wäldchens versammelt, in dem er auf die Gelegenheit wartete, dem Untier den Rest zu geben. Manche legten sich auf den Boden, und ihre Augen suchten unter den Zweigen weit voraus, konnten aber nicht viel erkennen, da das dichte Unterholz die Sicht schon bald versperrte. Andere hatten ihre Hunde mitgebracht, aber, wie auch immer sie hießen, keiner von ihnen brachte den Mut auf, sich dem Leoparden auch nur zu nähern. Sie winselten und hätten wohl lieber ihre Herrchen vorgeschickt. Die aber gehorchten dem Gierse, warteten ab und schwenkten ihre Waffen mit wachsender Wut.

Der Gierse hielt sich nur noch mit Mühe auf seinem Bäumchen, und das Bäumchen hielt ihn, ebenfalls nicht ohne Anstrengung. „Du bist ein gutes Bäumchen", sprach er ihm zu, „und dem Himmel sei's gedankt, daß er mich hierher geführt hat." Und er drückte es mit seinen starken Armen und den schwieligen Händen fest an sich, als wollte er ihm Dank erweisen. Dem Leoparden aber rief er trotzig zu: „Gib mir dein Leben! Ich hab' es bezahlt. Zwei Schafe sind genug!" Und nach einer Weile, als er auch bei seinem Gegner eine gewisse Ermüdung festzustellen glaubte: „So beiß ins Gras! Sonst kommst du in den Kerker. Aber da willst du ja auch nicht hin. Immer nur auf engem Raum hinter Gittern sein und dich anstarren lassen von den Menschen!"

Der Leopard aber spottete seiner mit fortdauerndem Grollen, das allerdings hörbar schwächer wurde. Auch mischten sich in sein Fauchen und Brüllen ein Schnauben und Schnau-

__Anton Gierse-Metten, mit einem erlegten Hirsch__

fen, so als wollte er seinem Jäger ein letztes Mal all seine Wut entgegenschleudern. Mehrmals schon hatten sich ihre Blicke getroffen. Wer würde den Kampf am Ende gewinnen?

Nachdem der Gierse seit geraumer Zeit kaum noch etwas von dem Panther gesehen und auch nur gelegentlich von ihm gehört hatte, beschloß er, der Sache ein Ende zu machen. Er hatte den Eindruck, daß sich die Bestie schwerkrank im Gebüsch niedergelassen hatte. „Alles hat seine Zeit", sagte er an sie gewandt, „aber deine Zeit ist jetzt um. Ich werde dir ein schnelles Ende bereiten."

Wollte er ihr wirklich in dem dichten Unterwuchs des Waldes entgegentreten? Ja, das wollte er; und er empfand es als seine Pflicht. Er wußte: Jedes Stück Wild, das durch Schüsse schwer verletzt worden ist, muß sofort nachgesucht werden, um es von seinem Leiden zu befreien. Bei einem Leoparden mit seinem von keiner Raubkatze übertroffenen exzellenten Sehvermögen, seiner Intelligenz, Ausdauer, Behendigkeit und der Fähigkeit, sich unerkennbar zu verstecken, war das eine gefährliche Aufgabe, vielleicht ein selbstmörderisches Unterfangen. Aber der Gierse hatte großes Gottvertrauen und den Glauben an seine eigene Schießfertigkeit. Dabei hatte er nur noch eine Patrone – und sein Taschenmesser. Und immer noch meinte er sich rechtfertigen zu müssen für das, was er vorhatte. „Unser Leben ist geprägt von Armut und Not", sagte er in die Richtung, in der er den Leoparden vermutete, „wenn ich dir nicht den Garaus mache, tötest du vielleicht nicht nur unsere Tiere, sondern auch uns und unsere Kinder. Not kennt kein Gebot. Das gilt auch für uns."

Er ließ sich vorsichtig von seinem Bäumchen zu Boden gleiten, lauschte kurz, tat ein paar

Schritte und hielt es dann für besser, sich an sein Ziel heranzurobben. Wie gelb die Birken waren; und das Gras sah eher aus wie Stroh. Und dann die Brombeerbüsche! Auch deren Blätter waren schon gelb und trugen dunkle, braune oder schwarze Flecken. Es würde schwerhalten, zwischen all diesen herbstlich gefärbten Blättern und dem gefleckten Fell des Leoparden zu unterscheiden. Da hörte er wieder dessen un-

Anton Gierse-Metten im Kreise seiner Angehörigen. Dieses Foto entstand im Jahre 1902 oder 1903. Im Vordergrund sind auch zwei Hunde zu sehen. Möglicherweise hat noch einer der Hunde, oder haben gar beide an der Leopardenjagd teilgenommen.

heimliches Grollen, und für einen Augenblick glaubte er ihn sogar zu sehen. Aber das war eine Täuschung. Doch er mußte ganz nahe sein, denn am Boden und an geknickten Zweigen fand sich seine blutige Spur. Dem Gierse wurden die Sekunden zu Ewigkeiten. Unerträglich erschien ihm diese Spannung, obwohl sein Puls immer ruhiger wurde. Da glaubte er aus dem Augenwinkel rechts vor sich eine Bewegung bemerkt zu haben, und unter tief herabhängenden Fichtenzweigen lag tatsächlich der Panther. Aber noch hatte er die Waffe nicht ganz an der Wange, da drehte dieser den Kopf und schaute ihn an. Für einen Augenblick sahen sich beide in die Augen. Dann kam der Sprung, und gleichzeitig zuckte der Blitz und barst der Donnerschlag des Schusses, mit dem Gierse kaltblütig auf den Kopf des Panthers gezielt hatte.
Sofort eilten die Männer vom Waldesrand herbei, bereit, mit ihren Äxten, Sensen, Wurfketten und Mistgabeln auf den schon Todgeglaubten einzuschlagen. Dessen Wut aber war so über alle Maßen groß, daß er noch einmal kurz zum Leben erwachte, als er die vielen Menschen spürte, die vor dem unerwarteten Schrecken in Panik davonrannten. Und während der Leopard verendete, sprach Anton Gierse ein letztes Mal zu ihm. „Es mußte sein!" Aber ein wenig Trauer befiel ihn doch, als er das schö-

ne Tier und seine eben noch so unbändige Kraft vergehen sah.

Als schließlich kein Leben mehr in ihm war, traten die Mutigsten heran, stießen ihm spitze Gabeln durch Fell und Bauch, die es daran hindern sollten jemals wieder aufzustehen. Andere banden es mit dicken Ketten fest, damit es in Oberrarbach nie wieder Schaden anrichten konnte. Der Gierse aber ging zunächst einmal sein Pfeifchen suchen, das er auf der Flucht verloren hatte. Dann betrachtete er den Leoparden näher – es war ein männliches Tier, ein Kuder, wie die Jäger sagen – und die Schussverletzungen: den wunden Vorderlauf, die weggeschossene linke Seite des furchtbaren Gebisses und den tödlichen Schuß durch das rechte Auge. Und er wunderte sich sehr darüber, daß sein Gegner bei diesen Verletzungen nicht früher aufgegeben hatte. Er beugte sich zu ihm hinunter, berührte ihn sacht mit seiner Rechten und flüsterte: „Es ist besser für dich, Leopard. Glaub es mir!"

Und da war ihm, als ob alle Umstehenden auf einmal ganz still geworden wären und als ob selbst der Wald und die Berge den Atem anhielten, um ihm, der da in seinem Prachtkleid auf dem dunklen Boden lag, eine letzte Ehre zu erweisen. Der Regen hatte aufgehört, und selbst der Wind legte eine kurze Pause ein.

Aber wo waren eigentlich die Hunde? Heldin tauchte plötzlich inmitten der vielen Menschen auf, war aber so übel zugerichtet, daß es fraglich schien, ob sie überleben würde. Drago war zunächst überhaupt nicht ausfindig zu machen. Erst zum Abend hin entdeckten ihn Kinder, wie er blutüberströmt in einer Mulde lag. Der Leopard hatte ihm den ganzen Bauch aufgerissen, und er hätte elendig zugrunde gehen müssen, wäre ihm nicht umgehend Hilfe zuteil geworden.

Inzwischen hatte Anton Gierse den zahlreichen Neugierigen den Schauplatz und die Spuren des Kampfes und der Verfolgung gezeigt und dabei viele Fragen beantwortet. Selbst sein geistlicher Besuch war heraufgekommen. Als es genug war, sagte der Gierse: „ Wir wollen ihn nun ins Dorf tragen." Sogleich wurde eine Birke gefällt, auf die richtige Länge gebracht, und der Leopard mit zusammengebundenen Läufen so daran befestigt, daß ihn alle in seiner ganzen Länge sehen konnten. Dann hoben sich zwei Männer die Stange auf die Schultern, und so wurde der Leopard ins Dorf hinuntergetragen. Auf dem ganzen Wege talwärts erklang das Jagdhorn, das noch schnell herbeigeschafft worden war, und verkündete allen Einwohnern das glückliche Ende der Jagd. Seine hellen Töne wurden über die schon zum Teil herbstlich vergoldeten Mischwälder hinweggetragen und verloren sich weit, weit drüben auf den Kuppen der Berge oder unten in den stillen Winkeln und Schluchten des Henne- und des Rarbachtals.

Das ist die Geschichte von der Leopardenjagd im Sauerland. Sie hat stattgefunden am 19. September des Jahres 1896.

Spuren im Schnee

Dokumente, Erläuterungen und Kommentare

Aus der Chronik von Pfarrer Kaiser

Er hat seinen Text einen Tag später niedergeschrieben und diesen auch an verschiedene Zeitungen gesandt:

„Am gestrigen Nachmittag wurde in der Nähe von Oberrarbach unter großer Lebensgefahr von einem Jäger, dem Landwirt Anton Gierse, genannt Metten, zu Oberrarbach, ein der Menagerie entsprungener Leopard erlegt.

Die Gefahr war umso größer, weil das Vorhandensein des Tieres gänzlich unbekannt war, und der nach Hasen suchende Jäger im dichten niedrigen Tannenwald plötzlich auf das Lager eines Leoparden stieß.

Das Tier war in der letzten Nacht in die Hürden eingedrungen und hatte zwei Schafe gerissen und eines leicht verwundet, die ganze Herde aber bis ins Dorf Oberrarbach verfolgt.

Bei dem so gefährlichen, etwa eine Stunde dauernden Kampfe zeigte der Jäger die größte Kaltblütigkeit, der Leopard die wildeste Wut, die drei Jagdhunde eine staunenswerte Angriffslust.

Drei Schüsse mit schwerem Hagel Nr. 00 verletzten das Tier scheinbar nur wenig; selbst ein Schuß in den offenen Rachen, der ihm, wie nachträglich zu sehen war, an der linken Seite das furchtbare Gebiß hinweggerissen hatte, machte es keineswegs kampfunfähig, sondern nur noch grimmiger. Das furchtbare Fauchen des Tieres wurde in den Häusern Oberrarbachs gehört und die Männer eilten, mit Sensen und Forken bewaffnet, zur Hilfe herbei, ohne dem Jäger im niedrigen und dichten Tannengestrüpp wirklich Hilfe bringen zu können.

Endlich gelang es dem unerschrockenen Jäger, das Tier schußgerecht zu bekommen, und ganz auf den Boden sich niederlegend, zielte er unter den herabhängenden Tannenzweigen hindurch auf den Kopf des Tieres, das mit glühenden Augen ihn fixierte und zum Sprung auf ihn sich anschickte.

Die abgesandte Kugel traf das rechte Auge des Leoparden und streckte ihn nieder.

Offenbar haben die drei Jagdhunde, welche das Tier immerfort durch ihr Gebell, durch ihr Laufen und wildes Springen beschäftigten, einen großen Anteil an der Rettung des Jägers; sie haben auch ehrende Wunden aus diesem Kampf davongetragen und wurden schwer verwundet.

Das erlegte Tier ist ein Prachtexemplar und hat eine Höhe von 0,67 Meter, eine Länge von 1,06 Meter, vom Kopf bis zum Schwanz gemessen; der Schwanz beträgt 0,67 Meter.

Welches Unglück hätte das reißende und blutgierige Tier noch anrichten können, wenn es nicht auf der Suche nach Hasen angetroffen und erlegt worden wäre!

Der mutige und glückliche Schütze wird als ein Nimrod vor dem Herrn weit und breit berühmt werden.

Der Pelz des besiegten Leoparden aber wird ein herrlicher Teppich geben und als ein Haus- oder Familienkleinod den künftigen Geschlechtern noch das denkwürdige Ereignis verkünden."

Über die Hasenjagd ist es damals möglicherweise zu einem Mißverständnis gekommen oder zu einer Fehlinformation infolge der Hektik des Tages; denn der Leopard wurde nicht, wie Pfarrer Kaiser berichtet, auf einer gewöhnlichen Hasenjagd gesichtet und erlegt, sondern es wurde gezielt nach ihm gesucht.

Von den Tannenbäumchen, auf die sich Anton Gierse hat retten können, wird auch in der MESCHEDER Zeitung berichtet. Neun bis zehn Fuß hoch seien sie gewesen, heißt es da,

und als der Jäger eins erstiegen habe, habe es sich mit seiner Spitze zur Erde geneigt, so daß er ein zweites habe ergreifen müssen, um sich hochzuhalten.

Die Flucht des Leoparden aus einer „Menagerie" gilt als ziemlich sicher. In diesem Zusammenhang ist besonders von dem Menagerie – Besitzer WEIDAUER die Rede, der auch die Märkte in Reiste, Meschede und Hüsten aufsuchte.

Möglicherweise hat er das Tier absichtlich entkommen lassen, da ihm dessen Unterhalt zu teuer wurde. Für diese Annahme spricht, daß der Verlust des Leoparden nirgendwo angezeigt worden ist. Nach Angaben aus dem Hause Gierse hat der Leopard auf dem Rücken eine Art Brandmal gehabt, das noch heute als kahle Stelle auf seinem Fell zu erkennen ist. Im übrigen habe er nur noch siebzig Pfund gewogen, was sich teils auf sein langes Herumstreunen, mehr noch aber auf die Tatsache zurückführen lasse, daß die Spitzen seiner Fangzähne entfernt worden waren, so dass sie zur Jagd fast untauglich waren.

Die beiden gerissenen Schafe hätten nur jeweils zwei wie Einstiche wirkende Wunden am Hals gehabt. Spätere Untersuchungen hätten ergeben, daß ihnen das Blut ausgesaugt worden sei.

Die Laute, mit denen der Leopard Jostes Oma erschreckt hat
Experten sagen, daß das Grunzen des Leoparden ein kehliger Laut sei, der einem sägenden Husten ähnelt und sie sind sich sicher, dass der, der diesen Laut einmal in freier Natur gehört hat, ihn so schnell nicht vergißt.

Das Wetter während der Leopardenjagd
Nach Aussagen des Wetteramtes Essen herrschten am 19. Sept.1896 in Münster folgende Temperatur- und Wetterverhältnisse: „Temperatur: min.: 9,9° / max.: 16,5°

Viel Regen = 17,8 mm
Abends regnet es nicht mehr so viel.
Es ist windig."

Das sind die Angaben für Münster, und da wird es vermutlich im Sauerland, im Stau der Gebirge, noch mehr geregnet haben, und die Temperaturen waren niedriger und der Wind stärker.

Die große Feier nach der erfolgreichen Jagd: Wenn früher in den kleinen Dörfern des Sauerlandes mal ein Hirsch oder Wildschwein erlegt wurde, dann löste das in der Bevölkerung nicht nur Freude für einen Tag oder einen

Abend aus, sondern dann wurde weit mehr daraus. Dann war da eine stets wachsende Begeisterung, die sich über mehrere Tage hinzog, bis schließlich als Höhepunkt das gemeinsame Festmahl gehalten wurde.

So liegt dem Hause Gierse-Metten noch ein Schriftstück aus vergangener Zeit vor, wie in einem solchen Fall, hier nach der Erlegung eines Wildschweins verfahren wurde bzw. verfahren werden sollte.

Dort heißt es:
Am 1. Tag: wird der Schwarzkittel der Jugend zur Schau gestellt.
Am 2. Tag: Die jungen Männer zerlegen das Tier.
Am 3. Tag: Die jungen Frauen, unter Leitung der alten, schmoren und braten.
Danach Hauptfeier: Gemeinsame Arbeit: Schmausen des Festbratens.
Nach dem Schmause sollen bei einem Glas Bier heitere Reden, muntere Lieder und harmlose Scherze abwechseln."

Die Erlegung des Leoparden in Oberrarbach sprengte natürlich jeden Rahmen. Daher entschloß man sich, die Zurschaustellung nicht im

Dorf selbst durchzuführen, sondern im Gemeindezentrum in Kirchrarbach, wo auch Kirche und Schule waren.

Doch dazu musste der Leopard dorthin geschafft werden. Das geschah, indem er auf einem Pferdefuhrwerk, das zuvor mit Tannengrün und Eichenlaub festlich geschmückt worden war, Aufstellung fand. So wurde er unter dem Jubel der Bevölkerung und großer Anteilnahme am Abend dieses Tages nach Kirchrarbach gefahren. Dort verblieb er auf dem Wagen und wurde bei dem Gasthof Wüllner, heute Heinemann, in Kirchrarbach zur allgemeinen Besichtigung ausgestellt.

Das Ausmaß der Feierlichkeiten mag allenfalls vergleichbar gewesen sein mit der Erlegung eines Bären in früheren Jahrhunderten. Dabei wollten alle den erfolgreichen Jäger sehen und ehren, die Dorfbewohner und die schon Zugereisten, die gekommen waren, um ihn zu beglückwünschen.

Er hatte, als er nach den Strapazen des Tages sein Haus wieder erreicht hatte, zunächst seine Frau fest in die Arme geschlossen und seiner Kinder gedacht. Aber sie hatte schon bald in weiser Voraussicht und ob des erfolgreichen Ausgangs dafür gestimmt ein Lamm schlachten zu lassen.

„Wenn es der Leopard getötet hätte," hatte sie gesagt, „wären wir seiner auch verlustig. Aber so wollen wir uns dessen erfreuen". Und so wurde es nun draußen über offenem Feuer gebraten.

Anton Gierse fand kaum die Zeit, sich um seine Belange zu kümmern, um die Verletzungen, die er sich auf der Flucht vor dem Leoparden zugezogen hatte, und um das Vieh. So blieb die Feier dort auf das Haus beschränkt.

In Kirchrarbach hingegen, dort wo der Leopard zur Besichtigung ausgestellt war, erhellten Fackeln die Nacht. Viele Leute, besonders die Jugendlichen, die den Wagen bis hierher begleitet hatten, waren anschließend in den Gasthof eingekehrt und sorgten dafür, daß immer mehr Menschen auf das Geschehen aufmerksam wurden und sich die Nachricht wie in Windeseile verbreitete.

Man hatte auch Plakate anfertigen lassen, die an wichtigen Stellen in der Gemeinde ausgehängt waren, um die Menschen zu informieren und sie zu einer Besichtigung einzuladen. Und der Pfarrer der Gemeinde, Pfarrer Kaiser, der ein tüchtiger Mann war und der neben seinen religiösen Pflichten, die er zu erfüllen hatte auch

Pfarrer Kaiser

Abbildung eines Werbeplakates

noch ein guter Geschäftsmann war, nutzte die Gelegenheit sofort für seine Zwecke und machte ein Geschäft aus dem Trubel, indem jeder, der den Leoparden sehen wollte, vorher ein Scherflein zahlen musste; so eine Art Eintrittsgeld. Für gute Zwecke natürlich. Versteht sich; denn am Sonntag kamen alle Leute zur Kirche und da klingelte es ganz schön in des Pfarrers Büchse.

So gab es am Sonntag und an den Tagen danach dann auch weit und breit nur ein Gesprächsthema: nämlich die Leopardenjagd. Die Kirchenbesucher nutzten die Gelegenheit um nach dem Kirchgang die Raubkatze zu besichtigen. Immer wieder waren sie tief beeindruckt von der Pracht der Zeichnung seines Fells, von den Rosetten, die sich wie scharf gezeichnete Muster von dem samtenen Beigegrund abhoben, und viele waren der Meinung, daß ein Leopard das schönste und anmutigste aller Tiere sei.

Aber auch das furchtbare Gebiß, das ja nur noch zum Teil vorhanden war, und die Pranken mit ihren scharfen Krallen beeindruckten viele.

Wie lange der Leopard nun dort zur allgemeinen Besichtigung ausgestellt war, weiß man heute nicht mehr so genau.

Aber es sollen mehrere Tage gewesen sein, und bei der Gelegenheit hat ihm ein Bösewicht die Schnurrhaare abgeschnitten, was bei vielen Unmut ausgelöst haben soll. Andere aber machten ihre Scherze.

Nach Oberrarbach, zum Hause des Leopardenjägers, aber strömten von Sonntag an immer mehr Menschen. Sie kamen aus den umliegenden Dörfern, weil sie beim Kirchgang den Leoparden gesehen und die unglaubliche Geschichte gehört hatten. Und nun wollten sie sich vergewissern ob sie auch stimmte und den Helden feiern. Aber auch immer mehr Auswärtige mischten sich schon unter die Einheimischen.

Insbesondere dann, als der Bericht in der Zeitung erschien, gab es für viele Freunde und Bekannte kein Halten mehr. Und weil die Familie Gierse-Metten stets als sehr gastfreundlich galt, kamen sie alle, alle, auch aus der Ferne, um den Leoparden zu sehen und den unerschrockenen und mutigen Jäger zu feiern.

Dabei mussten sie vielfach auch lange und beschwerliche Wege in Kauf nehmen, denn die Straßen waren holprig und schlecht und nicht immer standen Pferde für sie bereit.

So kam allein von Fredeburg – heute Bad Fredeburg – etwa die Hälfte der Bewohner um den Leoparden zu sehen und den wackeren Schützen zu beglückwünschen.

Der Besucherandrang war bisweilen so schlimm, daß die Metten ihre Kinder – das jüngste war noch ein Baby – auch am hellen Tag in die Betten steckten, oder sie auf ihr Schlafzimmer verwiesen, damit sie nicht verlorengingen; denn es war niemand da, der sich um sie hätte kümmern können.

Doch bei all dem blieb Anton Gierse bescheiden. Und wenn ihn jemand auf das Risiko ansprach, sagte er: „Ich habe nur meine Pflicht getan."

Manch einer von den Besuchern unterzog sich auch noch der Mühe eines beschwerlichen Aufstiegs zum Himmerhahn, um an dem blutigen Kampfplatz zu verweilen.

Aber dort wurde schon bald der Unterwuchs mehr und mehr zertreten, so daß am Schluß nur noch ein aufgescheuchter Fliegenschwarm die Stellen verriet, wo das Blut des Leoparden in den Waldboden gesickert war.

Nur das Tannenbäumchen, auf das sich Anton Gierse hatte retten können, blieb noch lange Zeit Anziehungspunkt und Zeichen der Erinnerung für viele Neugierige.

Übrigens erhielten auch die übrigen Familien im Ort viel Besuch, zum Teil von Leuten, die sie lange nicht mehr gesehen hatten.

Und alle mußten versorgt werden und erfreuten sich an hausgebackenem Brot oder leckerem Schinken, und natürlich fehlte es auch nicht an dem nötigen Bier.

Und so entwickelte sich ein mehrtägiges Fest, wie es in den Regeln vorgesehen war und an dem jung und alt tiefbewegt teilgenommen haben.

Die Kunde von dem schaurigen Ereignis aber wurde fortgetragen zu anderen Orten, ob sie nun in der Nähe waren oder weit entfernt, und alle, die davon hörten waren ebenfalls tief ergriffen. Manch einer soll sogar Tränen in den Augen gehabt haben, wenn er denn später noch Gelegenheit fand, sich den Leoparden anzusehen.

Die Zeitungsberichte

Einen ganz wesentlichen Anteil an der Publizierung dieses Ereignisses hatte, wie schon erwähnt, Pfarrer Kaiser.

Er hatte seinen Bericht an verschiedene Zeitungen gesandt. Aber nicht nur dessen Wortlaut kursierte später in den Presseberichten, sondern viele Agenturen hatten offenbar auch eigene Informationen gesammelt, und so kamen dann die unterschiedlichsten und widersprüchlichsten Aussagen zustande.

So soll mehreren Zeitungsberichten zufolge auch der Vater des Schützen an der Jagd teilgenommen haben, was aber nicht der Wahrheit entspricht. Bei dem Kampf standen sich einzig der Leopard und Anton Gierse gegenüber.

Sehr ausführlich beginnt die Schilderung der Leopardenjagd in der „MESCHEDER ZEITUNG[3]". Dort heißt es unter dem 22. September 1896:

„Die Ehre, einen richtigen Leoparden (Felis Leopardus) ein dem Katzengeschlecht angehörendes braungeflecktes, großes und sehr gefährliches Raubtier, dessen Heimat das ferne Afrika und Vorderindien ist, im Sauerland waidgerecht auf der Jagd erlegt zu haben, dürfte in ganz Deutschland kein Jägermann mit dem Landwirt Anton Gierse, genannt Mette aus Oberrarbach theilen. Genannter Herr hat am 19. September am sogenannten Himmerhahn, in einem ca. 300 m von Oberrarbach entfernten Fichtenschlage einen ausgewachsenen Leoparden erlegt ..."

Aber die „MESCHEDER ZEITUNG" fügt diesem Bericht, der auf eigenen Informationen zu beruhen scheint, auch noch zumindest auszugsweise den von Pfarrer Kaiser hinzu.

Regionale Blätter – aber auch die Weltpresse – heben die Gefahr hervor, die von dem frei herumirrenden Leopard ausging.
So erhebt die KÖLNISCHE VOLKSZEITUNG[4], wie auch andere Blätter, schwere Vorwürfe gegen den Menagerie-Besitzer, weil er das Entspringen des Leoparden nicht hat öffentlich bekannt machen lassen.

Auch in der DEUTSCHE REICHS – ZEITUNG[5] vom 22. 9. 1896 erschien ein Bericht; darin wird Oberrarbach allerdings namentlich nicht erwähnt. Darin wird nur Fredeburg in Westfalen genannt. Im benachbarten Rarbach, so heißt es da, soll der Leopard gestellt und erlegt worden sein.

In einem Blatt ist auch die Rede davon, dass ein Hund übel zugerichtet wurde, der in der Nacht die Schafe bewachte. Nun mag es zwar zutreffen, wenn man den Experten glauben darf, daß Hunde die Lieblingsspeise der Leoparden darstellen, denn viele Hunde sind in Afrika schon von den Terrassen ihrer Häuser verschleppt worden, aber diese Aussage konnte aus dem Hause Gierse-Metten nicht bestätigt werden.

Auch Jahre später erschienen immer noch wieder Artikel in Zeitungen und Zeitschriften, die dieses Ereignis würdigten. Dabei steigerten sich die Nachrichtenblätter in der Berichterstattung teils dergestalt, daß aus dem Leoparden ein Tiger wurde.

So soll laut WELT IM SPIEGELT[6], einer Zeitschrift, die etwa vierzig Jahre später erschien, ein Tiger in Oberrarbach erlegt worden sein und der Schütze habe nicht gerade „Waidmannsheil" gerufen, als er ihn erblickte. Drei Hunde soll das Tier getötet haben.

Nach der Erlegung des Tigers ist Anton Gierse zu einem großen Indienfreund geworden, so heißt es weiter, bevor genaue Angaben über Tiger in Indien folgen. Daß es vielleicht auch ein Leopard gewesen sei, wird nur beiläufig erwähnt.

So aber erfolgte in ganz Deutschland bald darauf eine teils sehr ausführliche, wenn auch nicht immer zutreffende Berichterstattung in den Medien, so daß jeder, der um die Gefährlichkeit eines Leoparden wußte und die näheren Begleitumstände bei der Jagd erfahren hatte, hellauf begeistert war von dem Schützen. Und entsprechend groß war die Anteilnahme der Bevölkerung.

Glückwunschschreiben

Leider ist ein Großteil der gesammelten Aufzeichnungen, der alten Zeitungen wie auch Briefe verlorengegangen, wie aus einem Schreiben aus damaliger Zeit hervorgeht. Ein Teil ist aber noch vorhanden. So sollen Menschen aus ganz Deutschland dem Anton Gierse-Metten geschrieben und ihn beglückwünscht haben, darunter auch viele prominente Persönlichkeiten.

Selbst der Großherzog von Baden-Baden ließ dem geistesgegenwärtigen Jäger eine Mitteilung zukommen und lobte seinen Mut. Die Glückwünsche und Briefe trugen vielfach die Anschrift:
An den Leopardentöter   oder
An den Leoparden Jäger Gierse

Auch von diesen Briefen und Glückwünschen sind noch einige erhalten.

Und auch der königliche Oberförster SCHUHMACHER konferierte mit den Metten, um den Leoparden später für eine Ausstellung zu gewinnen.

Einer, Roman BUDA, dessen Wohnort und Land den Metten nicht mehr bekannt sind, faßte das Geschehen sogar in Verse und schrieb das „Leopardenlied", das er dem Leopardenkönig von Westfalen mit persönlicher Widmung zusandte. Es ist zu singen nach der Melodie des Wolgaliedes.

Dieses Lied enthält zwar manche Unstimmigkeiten, da der Autor von falschen Informationen und Vorstellungen ausgegangen ist, aber es zeigt einmal mehr, wie sehr dieses Ereignis die Menschen der damaligen Zeit bewegte, und daher soll es hier wiedergegeben werden.

Auch Dieter PEITZ, ein Verwandter des Hauses Gierse-Metten, spricht in seinen Glückwünschen die neue Hoheit und Würde des Schützen an. Er schreibt:

„Nun läßt Du Dir von dem Fell einen Mantel machen und von dem Kopf einen Hut und dann siehst Du aus wie ein Fürst der Unterwelt. Und Deine Mutter muß jetzt doppelt so dicke Pfannkuchen backen, denn nun seid ihr eine vornehme Jägerfamilie."

Das Leopardenlied
von Roman BUDA (Melodie: „Wolgalied")

Auf Westfalens hohen Felsen
In dem schönen Sauerland
Liegt ein nettes Bauern-Dörfchen,
Ober-Rarbach wird's genannt.

Drinnen wohnt ein kühner Jäger,
Gutsbesitzer von Beruf,
Dem zum selt'nen Waidmannsheile
Einst erschallt 'Hubertus' Ruf.

Oberrarbach's fette Schafe
Fraß ein Raubtier unbekannt,
Und die Hirten, die es sahen,
War'n vor Schrecken weggerannt.

Lange hat man nachgesucht,
Kreuz und quer das Jagdrevier,
Ohne daß man hat gefunden
Dieses wilde, fremde Tier.

Auf der Jagd an einem Tage
Hört Herr Gierse laut Gebell,
Um vielleicht den Fuchs zu schießen,
Eilt' rasch hin zu dieser Stell.

Doch, was sehen seine Augen
In dem dichten grünen Tann':
Ein paar Augen, wild und böse
Blitzen an den Jägersmann.

Dieses Tier war bunt gesprenkelt,
Wie er kein's bisher geseh'n,
Das mit aufgesperrtem Rachen
Drohend zeigte seine Zähn.

Und Herr Gierse sah mit Schrecken
Auf das weißgefleckte Tier,
Das auf ihn die Zähne wetzte
Voll des Mordes wild Begier.

Als ein Jäger, kurz entschlossen,
Riß er seine Flinte hoch,
Und er schoß, ohn lang zu zaudern,
In die Hinterkeul' ein Loch.

Und das Raubtier brüllt entsetzlich,
Rückte immer näher ran,
Daß Herr Gierse sann auf Rettung
Sprang aus Schrecken auf die Tann.

Doch die Bracken war'n nicht feige,
Ließen nicht den Herrn im Stich;
Drangen wütend auf das Tier ein,
Das vor ihnen fauchend wich.

Als Herr Gierse dies bemerkte,
Sprang er wieder auf die Erd',
Läuft von neuem zu der Stelle
Wo er lautes Bellen hört.

Doch dies wilde Fauchen, Brüllen,
Lockte viele Menschen an,
Die im Lauf zu Hilfe eilten
Ihrem lieben Jägersmann.

Doch das Brüllen klang so grausig,
Daß den Leuten stockt das Blut,
Daß zu einem schnellen Handeln
Fehlte ihnen jetzt der Mut.

Nur des Jägers lieber Vater
Dringet mutig in den Wald,
Eilt' zu Hilf dem teuren Sohne
Dorthin, wo das Fauchen schallt.

Doch da krachen wieder Schüsse,
Und es schallt ein Jubelschrei,
Denn das wilde, bunte Raubtier
Traf Herrn Gierse's tödlich Blei.

Und der Vater sah mit Staunen,
Dieses bunte, mächt'ge Wild,
Das im Todeskampf noch rollte
Mit den Augen, teufelswild.

Man besah dies wilde Raubtier,
Forschte eifrig nach der Art,
Bis man doch zuletzt erkannte,
Daß das Tier – ein Leopard.

Gewidmet dem Leopardenkönig von Westfalen
Roman Buda

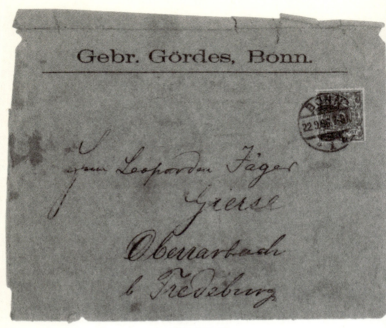

Alte Briefe

So stand es vielfach im Adressfeld geschrieben.

Jedoch das Leben ging weiter und der Leopard, sollte er erhalten bleiben, mußte in die Hände eines guten Präparators übergeben werden.

Das Präparieren der Trophäe
Dazu ist in der MESCHEDER ZEITUNG zu lesen:

„... und so dürfte die wunderschöne Pardelhaut später die gute Stube des Gierse'schen Hofes in Oberrarbach genauso zieren, wie die bunte Haut des Renners (Giraffe, im Löwenritt von Freiligrath) die Markstallkammer einer Kgl. Hofburg.

Anton Gierse aber hat den Panther nicht als Ganzkörper-Trophäe ausstopfen lassen, sondern erhalten ist nur das Fell mit präpariertem Kopf. Die großen gekürzten Eckzähne im Gebiß sind allerdings ausgetauscht worden gegen normal lange künstliche Zähne, um dem Leoparden das natürliche Aussehen zurückzugeben und um ihn seine Gefährlichkeit demonstrieren zu lassen.

Als etwas ganz Kostbares aber hat man damals schon das Leopardenfett angesehen. Es wurde genauso wie Schweineschmalz ausgelassen und dann in Gläser und Dosen abgefüllt und aufbewahrt. Es soll ebenso wie Dachsfett, aber noch

Oberrarbach - heute

viel besser bei Entzündungen, rauhen und kaputten Händen und, vor allen Dingen bei Brandwunden helfen, so daß die Metten viele Jahre davon profitiert haben, wenngleich es am Schluß vielleicht schon etwas ranzig war.

Die Jagdwaffe
Über den Verbleib der Jagdwaffe, mit der der Leopard erlegt wurde, ist heute, nach so langer Zeit, nichts mehr bekannt. Es haben ja auch zwei Weltkriege stattgefunden, und 1945 mußten alle Gewehre abgeliefert werden.

Anton Gierse-Metten aber, der wackere Schütze, der bei der Leopardenjagd vier Patronen bei sich trug, soll nach diesem Erlebnis immer vierzig Patronen mitgeführt haben, selbst wenn er auf Hasenjagd ging. So wird berichtet.

Und wenn er später dann im Herbst, aber auch im Herbst der kommenden Jahre durch einen bunten Laubwald ging, wo Ahorn und Birke, Esche und Eiche ihre Blätter schon teils abgelegt hatten und die Sonne goldig darauf schien, dann soll er so manches Mal das buntgesprenkelte Fell eines Leoparden am Boden erblickt haben.

Und wenn er im dichten Tann war, dann sollen ihn auch dort noch ein paar Augen, wild und böse, angeblitzt haben, genauso wie es war am 19. September des Jahres 1896, am so genannten Himmerhahn.

Viele Schulklassen und Gruppen von Erwachsenen sind seitdem nach Oberrarbach gewandert, um den wertvollen Familienbesitz der Metten in Augenschein zu nehmen und die unglaubliche Geschichte dort selbst zu hören.

Aber geblieben ist dem Leoparden bis heute sein bedrohliches Aussehen.

Der „Würger vom Lichtenmoor[7]"
Wie recht hatte doch Pfarrer Kaiser, als er in seinem Bericht schrieb: „Welches Unglück hätte das reißende und blutgierige Tier noch anrichten können, wenn es nicht erlegt worden wäre." Das sollte sich fünfzig Jahre später auf eindrucksvolle Weise bestätigen.

Da war nämlich ein Wolf, offenbar auf uralten Wolfspfaden von Osten kommend, bis nach Niedersachsen vorgedrungen und hatte seit dem Februar 1948 damit begonnen, im Bereich Fallingbostel, Neustadt und Nienburg sein Unwesen zu treiben. Immer mehr Schafe und später auch Rinder fielen ihm zum Opfer. Die Plage für die nach dem Krieg auch damals arme Bevölkerung wurde so riesengroß, daß sich schließlich der Landwirtschafts-Minister von Niedersachsen einschaltete und die britischen Besatzungstruppen zusätzliche Gewehre an die Jäger ausgaben. Aber selbst eine großangelegte Treibjagd, an der 1.500 Personen teilnahmen, brachte keinen Erfolg. Im Gegenteil: Wenige Kilometer entfernt von diesem Treiben riß der Wolf an diesem Tage erneut zwei Rinder.

Dieser Wolf, der als der „Würger vom Lichtenmoor"[6] in die Geschichte einging, konnte schließlich von dem Bauern Hermann GAATZ aus dem Dorf Eilte erlegt werden.

Ihm fielen über einhundert Schafe, fünfundsechzig Stück Rindvieh und zahlloses Wild zum Opfer.

Von hier aus soll, so wird vermutet, der Leopard im Jahre 1896 einem Menageriebesitzer während eines Jahrmarktes entflohen sein.

Aber auch hier war zunächst unklar, um was für ein Raubtier es sich handeln könnte, so daß zeitweise von einem Tiger, einem Puma oder gar einem Vielfraß die Rede war. Ihm wurde an der Stelle, an der er erlegt wurde, vom Deutschen Jagdschutz-Verband ein Denkmal errichtet.

Und wenn dieser Wolf auch ein, für seine Art, ungewöhnliches Verhalten aufweist, so hätte doch unser Leopard ungleich gefährlicher werden können, besonders für Menschen, wenn er nicht von Anton Gierse erlegt worden wäre.

Anton Gierse-Metten sei's gedankt, daß er die Strapazen und persönlichen Risiken bei der Leopardenjagd auf sich genommen und so Land und Leute vor Unheil bewahrt hat.
Viele haben ihm zu Lebzeiten gedankt. Wir aber freuen uns ob seiner Heldentat.

Kleine Leopardenkunde

Leoparden – auch Panther genannt – gehören zu der kleinen Gruppe von Großkatzen, die nur vier Mitglieder umfaßt.

Dazu zählen: Löwe, Tiger, Leopard und Jaguar.

Und sie zählen zu den „Big Five", den fünf Wehrhaften in Afrika, als da sind: Elefant, Büffel, Nashorn, Löwe und Leopard.

Nach Angaben von Tierforschern und Jägern haben Leoparden eine Kopf – Rumpflänge von ca. 100 bis 150 cm und eine Schwanzlänge von 60 bis 90 cm. Die Schulterhöhe beträgt 45 bis 70 cm, und das Gewicht schwankt zwischen 40 und 80 kg, kann aber auch ausnahmsweise bis 90 kg betragen.

Nach Angaben von HERNE[8] haben Leoparden eine unterschiedliche Größe und Fellfärbung, je nach den klimatischen Umweltbedingungen. In oberen Höhenlagen sind sie zumeist größer und dichter und länger behaart als Flachland-Leoparden; während sie in Wüsten oder wüstenähnlichen Gebieten viel kleiner sind als die Tiere der Wälder. Ein altes männliches Tier aus der Wüste hat häufig eine Körperlänge von nicht mehr als 180 cm.

Und ZITKOW[9] berichtet: „Ein Leopard geht in der Regel dem Menschen aus dem Weg und sucht keine Konfrontation mit ihm. Ganz anders aber sieht es aus, wenn er verletzt wurde, er sich in die Enge gedrängt fühlt oder man seinem Geheck zu nahe kommt. Dann wird die Raubkatze zu einem gefürchteten Gegner. Am meisten fürchten es Berufsjäger, einen krankgeschossenen Leoparden nachsuchen zu müssen. Diese Katze lauert in der Regel geräusch- und bewegungslos dem folgenden Jäger auf und greift aus kurzer Entfernung an. Sie stößt im Gegensatz zu Löwen vor dem Angriff keinen Warnlaut aus."

Der deutsche Berufsjäger Franz WENGERT[10], der im Oktober 1995 in Tansania von einer angeschossenen Leopardin überrannt und lebensgefährlich verletzt wurde, so daß er nach Nairobie ins Krankenhaus geflogen werden mußte, schreibt:

„Ich war in der Situation – bei dem Überfall der Raubkatze – ganz dankbar, daß es eine Leopardin war und nicht der Kuder. Der hätte ganz anders reagiert. Er hätte mich gesucht und attackiert. Und wenn er mit mir fertig gewesen wäre, hätte er sich die anderen vorgenommen."

Also gibt es Unterschiede im Angriffsverhalten; der Leopard von Oberrarbach war ein Kuder, ein männliches Tier.

ZITKOW berichtet ferner, daß Leoparden zu Menschenfressern werden können, sich also auf Menschen als Beute spezialisieren - was allerdings höchst selten vorkommt - wenn sie infolge Alter oder Verletzung nicht mehr in der Lage sind Beutetiere zu greifen, wenn keine mehr vorhanden sind, oder wenn sie erfahren haben, wie leicht es ist, Menschen zu schlagen.

So soll der „Leopard von „Panar" (Indien) über vierhundert Menschen getötet haben. Der „Leopard von Rupenda" (Tansania) soll 1950 18 Kinder getötet und gefressen haben, wogegen einer der berühmtesten „man eater", der „Leopard von Masguru" im Süden Tansanias seine menschliche Beute nur tötete, ohne sie aufzufressen.

Und wenn auch heute allgemein die Ansicht vertreten wird, daß der Leopard die Konfrontation mit dem Menschen nicht sucht, so gilt es doch als sicher, wie MOHR[11] berichtet, dass ihn die Eingeborenen weit mehr fürchten als Löwen und Tiger.

MOHR führt weiter aus: „Sie, die Leoparden, sind gewandter, listiger und gewalttätiger als ihre großen Vettern. Während bei diesen fast nur alte und körperlich behinderte Tiere Menschen angreifen, weil sie diese als leicht zu bewältigende Beute erkannt haben, schlägt auch manch vollkräftiger Leopard Menschen.

Und in die Enge getrieben, greift ein Leopard immer an.

Der im Jahre 1887 in Schottland geborene J.A. HUNTER[12], der zeitlebens in Afrika lebte und als Berufsjäger tätig war, der viele Jagdexpeditionen geleitet hat und auch vom Wildhegeamt in Namibia immer wieder angefordert wurde, um gefährliches Schad- oder Raubwild zu erlegen, schreibt in seinem Buch, das zunächst unter gleichem Titel erschien:

„Der Leopard ist schlau."

Und er führt dazu ein Beispiel an:

„Wenn der Leopard merkt, daß man ihm nachspürt, klettert er häufig auf einen Baum und legt sich ausgestreckt auf einen Ast über seiner Fährte. Sieht der Verfolger ihn nicht, so läßt er ihn gewöhnlich passieren. Aber wenn der Jäger zufällig nach oben schaut und ihre Blicke einander begegnen, springt der Leopard wie der Blitz auf ihn herunter. Die meisten Tiere knurren oder laufen weiter, wenn sie merken, daß sie entdeckt sind; der Leopard aber greift sofort an. Ich habe es selber zweimal miterlebt, daß ein Jäger unter einem Baum vorbeiging, auf dem ein Leopard lag. Beide Male rührte sich die Katze nicht, bis der Jäger aufblickte, sauste dann aber sofort auf ihn herunter, und nur ein blitzschneller Schnappschuß bewahrte den Jäger vor schwerer Verletzung oder noch Schlimmerem."

Auch HUNTER hält übrigens den Leoparden für das gefährlichste Tier Afrikas; erst an zweiter Stelle folgt nach seiner Auffassung der Löwe.

Ernest HEMINGWAY[13], der große Schriftsteller und passionierte Jäger, schrieb 1934 von Tanganjika aus drei Briefe an das amerikanische Magazin „Esquire" über Großwildjagd in Afrika.

Darin ist unter anderem zu lesen:

„Wenn Leoparden verwundet sind, greifen sie Sie an, in neun von zehn Fällen, und sind dabei so schnell, daß keiner sie mit dem Gewehr sicher stoppen kann."

Im offenen Gelände seien sie viel gefährlicher als der angeschweißte Büffel.

„Der Leopard ist unzweifelhaft die vollendetste aller Katzen," so heißt es in BREHMS-Tierleben. „Sein Gebiß ist verhältnismäßig viel gewaltiger als das des Löwen. Sehr gern zieht er sich ins Gebirge zurück, dessen reichbewaldete Höhen ihm nicht nur treffliche Versteckplätze, sondern auch reichlich Beute gewähren. Gar nicht selten sucht er sich seinen Aufenthaltsort nahe an den menschlichen Wohnungen und unternimmt von hier aus seine Raubzüge."

Leoparden sind Einzelgänger; und sie sind Raubtiere, die sich in der Regel von lebendig ergriffener Beute ernähren. Sie schlagen vor allem Affen und Antilopen, Wildschweine und Hirsche, aber auch alle Arten von Haustieren, deren sie habhaft werden können. Sie besitzen große Eckzähne, starke Schneidezähne und scharfe Krallen und äugen extrem gut.

Allen anderen Katzenarten haben sie voraus, daß sie ihre Beute auf Bäume tragen, um sie vor Nahrungskonkurrenten zu schützen.

Prof. B. GRZIMEK[14] räumt allerdings ein, daß sie selten auch gemeinsam jagen. So soll beim indischen Leoparden des öfteren beobachtet worden sein, wie einer versucht hat Affen von den Bäumen zu treiben oder zu schütteln, während ein anderer am Boden den Opfern auflauerte.

„Leoparden kommen vor," wie Prof. GRZIMEK weiter ausführt, „in den heißen Dschungeln Indiens, in den kühlen Wäldern des Amur-Gebietes, in den heißen waldlosen Gebirgen Turkmeniens, Persiens und Afghanistans und ganz besonders in den Savannen und Regenwäldern Afrikas, in den Tiefländern und Hochebenen."

Ja, dort zu jagen in der afrikanischen Nacht, wo der Sternenhimmel heller ist als irgendwo sonst, dazu sind sie bestimmt, und dort ist ihre Heimat.

Möge uns diese faszinierende Großkatze in ihren angestammten Gebieten für immer erhalten bleiben.

Quellennachweis:

[1] WANNEMÜHLE: Eine früher zur Getreidereinigung eingesetzte landwirtschaftliche Maschine mit an- und abschwellenden Ton

[2] SCHNELLGALGEN: Nach einem Stich von J. Ridinger

[3] MESCHEDER ZEITUNG: Nr. 76, Dienstag, 22. September 1896

[4] KOELNISCHE VOLKSZEITUNG: Nr. 642, Donnerstag, 24. September 1896

[5] DEUTSCHE REICHSZEITUNG: Nr. 477, Dienstag, 22. September 1896

[6] WELT IM SPIEGEL: Etwa 40 Jahre später

[7] WÜRGER VOM LICHTENMOOR: „Wild und Hund" Nr. 19/1998, Verlag Paul Parey

[8] HERNE, Brian: „Das große Buch der Jagd", Orbis Verlag, München 1990

[9] ZITKOW, Dr. Rolf: „Jagen Weltweit"

Nr. 6/1996, Verlag Paul Parey

10) WENGERT, Franz: „Jagen Weltweit" 2/1996, Verlag Paul Parey

11) MOHR, Dr. Erna: „Das große Lexikon der Tiere", 1978, Georg Westermann, Braunschweig

12) HUNTER, J. A.: „Die Löwen waren nicht die Schlimmsten", 1997, Jagd- und Kulturverlags Anstalt, Vaduz

13) HEMINGWAY, Ernest: 49 Depeschen; „Notizen, die Großwildjagd betreffend – Drei Briefe aus Tanganjinka"

14) GRZIMEK, Prof. Bernhard: Band XII, Tierleben, Säugetiere 3

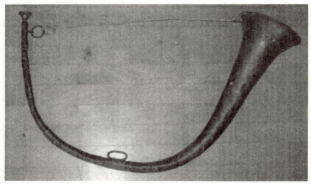

Klassiker der Wilddiebsliteratur

ISBN 3-7888-0736-9

ERICH HOBUSCH (HRSG.)
DR. ERICH ANUSCHAT

Auf der Wilddiebsfährte

Hardcover
224 Seiten
Format 13,5 x 21 cm
zahlreiche Illustrationen

Dr. jur. Erich war Nachfolger des legendären Kriminalkommissars Otto Busdorf im Wilddiebsderzernat des Berliner Polizeipräsidiums.

Der versierte Kriminalrat Anuschat beleuchtet in seinem Lehrbauch alle Aspekte der gewerbsmäßigen Wilderei.: Die Wilderertypen und ihre Motive, die Bewaffnung der Wildschützen, die geheimnisvollen Wilderertricks, die gerissenen Machenschaften, das verhängnisvollen Hehlerunwesen.

Er berichtet ferner über Ausbildung und Ausrüstung der Jagdschutzbeamten sowie ihre Aufgaben in Fahndung und Ermittlung, bei Beobachtung, Verfolgung Nahkampf und Festnahme bis hin zur Hausdurchsuchung in Zusammenarbeit mit der Kriminalpolizei.

In dieser Neubearbeitung hat der Herausgeber zahlreiche Fallbeispiele und Abbildungen in den Originaltext eingearbeitet und das Werk darüber hinaus durch bedeutsame Bild- und Textdokumente erweitert.

Damit gewinnt dieses Standardwerk aus den 30er Jahren des vorigen Jahrhunderts zusätzlich Spannung und Information. Erstmalig wird den Lesern auch die Biographie Anuschats vorgestellt.

SEIT 1872

info@neumann-neudamm.de
www.neumann-neudamm.de

**VERLAG
J. NEUMANN-NEUDAMM**
Schwalbenweg 1
34212 Melsungen
Tel.: 0 56 61 - 5 22 22
Fax: 0 56 61 - 60 08

Aus der Reihe Jagliche Klassiker

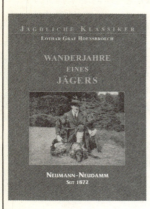

ISBN 3-7888-0719-9

LOTHAR GRAF HOENSBROECH
Wanderjahre eines Jägers

Hardcover
288 Seiten
Format 17,5 x 24,5 cm
zahlr. S-w-Fotos

Einmalige Erlebnisse aus „besseren" Tagen

Selten war es einem Waidmann vergönnt, so vielerlei Großwild zu jagen. Einer unserer besten Jagdschriftsteller, hat die Erinnerungen seiner erfolgreichen Jägerlaufbahn und zahlreicher Jagdfahrten zusammengefaßt. Wir begleiten ihn zur Hirschbrunft und Bärenjagd in den Urwald des Marmaros, zur Jagd auf Bezoarwild in den kilikischen Taurus, auf Eisbären in den hohen Norden, auf Wölfe nach Russland, auf Elche, Gemsen und sonstiges Wild der Hoch- und Niederjagd in die Jagdgründe des In- und Auslandes. Die urwüchsige Verbundenheit des Verfassers mit der unberührten Natur nimmt den Leser unweigerlich gefangen: „... nicht allein der schweißgetränkte Bruch am alten Hut brachte all diese grünen Seligkeiten, sondern viel mehr das stille Spähen und Lauschen des ewig lernenden, wandernden Jägers."

SEIT 1872
info@neumann-neudamm.de
www.neumann-neudamm.de

**VERLAG
J. NEUMANN-NEUDAMM**
Schwalbenweg 1
34212 Melsungen
Tel.: 0 56 61 - 5 22 22
Fax: 0 56 61 - 60 08

Preisgekrönter Jagdbuchautor

HORST GARBRIEL
-Sauen, Hirsche, Hundsgeläut
Hardcover, 313 Seiten
Format 14 x 21,5 cm
zahlreiche Abbildungen
ISBN 3-7888-0712-1
-Solang's noch was zu jagen gibt
Hardcover, 237 Seiten
Format 14 x 21,5 cm
zahlreiche Abbildungen
ISBN 3-7888-0706-7
-Spurlaut auf dem Rückwechsel
Hardcover, 264 Seiten
Format 14 x 21,5 cm
zahlreiche Abbildungen
ISBN 3-7888-0739-3
-Auf der Fährte des Alten Bassen
Hardcover, 160 Seiten
Format 14 x 21,5 cm
zahlreiche Abbildungen
ISBN 3-7888-0787-3

Gabriel lässt in seinen Büchern verschiedene Jagdepisoden aus seinem Leben Revue passieren. Beginnend in seiner schlesischen Heimat, in der er als Wilderer im eigenen Revier ums Überleben kämpfte. Es folgen eine Vielzahl kurzer - lustiger und tragischer Jagdbegebenheiten aus dem Försterleben in den nordhessischen Mittelgebirgen.

Ein richtiges „Gabriel"- Buch kommt natürlich nicht ohne einige politische und gesellschaftskritische Gedanken aus. Das gehört zu dem streitbaren Förster, der zu seiner Vergangenheit steht und sich nicht verbiegen lassen will.

Und so vereinigt Horst Gabriel ernste und traurige, lustige und spannende Momente aus seinem langen Jägerleben ganz wie wir es von ihm gewohnt sind.

info@neumann-neudamm.de
www.neumann-neudamm.de

**VERLAG
J. NEUMANN-NEUDAMM**
Schwalbenweg 1
34212 Melsungen
Tel.: 0 56 61 - 5 22 22
Fax: 0 56 61 - 60 08

Das Standardwerk zum DJT

ISBN 3-7888-0779-2

BIERWIRTH/MERLE

Der Deutsche Jagdterrier

7. überarbeitete und erweiterte Auflage

Hardcover
214 Seiten
Format 14,8 x 21 cm
zahlreiche Farb- und s/w-fotos

Der DJT ist als schneidiger „Allrounder" über und unter der Erde bei Jägern sehr beliebt. Wie man sich den richtigen Welpen beschafft, ihn optimal hält, abrichtet und schließlich den Hund in rauer Praxis führt, beschreibt dieses reich bebilderte Buch.

Von besonderer Bedeutung sind die Kapitel Abrichtung, Einjagen am Bau und in der Meute, Erste Hilfe bei der Bau- und Saujagd, Grundlagen erfolgreicher Züchtung und Gesundheitsvorsorge.

Nach dem Grundsatz „So allgemeinverständlich und ausführlich wie nötig so praxisnah und prägnant wie möglich" erläutern die Verfasser alles, was ein Terrierhalter und -züchter über diesen kleinen Vollgebrauchshund wissen sollte: Geschichte der Rasse, Rassestandard, Aufzucht, Fütterung, Haltung, Zucht, vielfältiger jagdlicher Einsatz und nicht zuletzt die Prüfungen und wie sich Führer und Hund gemeinsam gründlich darauf vorbereiten.

VERLAG
J. NEUMANN-NEUDAMM
Schwalbenweg 1
34212 Melsungen
Tel.: 0 56 61 - 5 22 22
Fax: 0 56 61 - 60 08

SEIT 1872

info@neumann-neudamm.de
www.neumann-neudamm.de

Ein Jagdbildband der Sonderklasse

ISBN 3-7888-0828-4

MAREK/KREWER

**Von Rauschzeit zu Rauschzeit -
Ein Jahr im Schwarzwildrevier**

Hardcover
192 Seiten
Format 21 x 27 cm
230 Farbfotos

Dieses Buch sucht Seinesgleichen!

Einzigartiger Bildband Bisher größtenteils noch unveröffentlichte Fotos eines der besten Naturfotografen. Auf rund 250 Bildern zeigt Erich Marek unser Schwarzwild, wie Sie es bisher noch nicht gesehen haben. Und seine Bilder verraten dabei mehr, als 1000 Worte. Wir begleiten das Schwarzwild über ein Jahr hinweg, lernen die verschiedenen Typen kennen und beobachten unter Lebensgefahr die Bache mit ihren Frischlingen. Mit kurzen Texten von Bernd Krewer.

SEIT 1872

info@neumann-neudamm.de
www.neumann-neudamm.de

**VERLAG
J. NEUMANN-NEUDAMM**
Schwalbenweg 1
34212 Melsungen
Tel.: 0 56 61 - 5 22 22
Fax: 0 56 61 - 60 08